城市轨道交通运营车辆系统岗位培训教材

城市轨道交通标准化作业教程

丛书主编：张　辉　谭文举　柳　林

主　　编：王　亮　罗　敏　唐宇斌　明　洪

主　　审：张世荣　祁　勇

U0330624

中国建筑工业出版社

图书在版编目（CIP）数据

城市轨道交通标准化作业教程/张辉，谭文举，柳林丛书主编，王亮等分册主编. —北京：中国建筑工业出版社，2017.3
城市轨道交通运营车辆系统岗位培训教材
ISBN 978-7-112-20392-5

Ⅰ.①城… Ⅱ.①张… ②谭… ③柳… ④王… Ⅲ.①城市铁路-轨道交通-岗位培训-教材 Ⅳ.①U239.5

中国版本图书馆 CIP 数据核字（2017）第 026864 号

本书包括 3 章。分别是乘务行车标准作业流程、场段调度作业标准、设备检修标准作业流程等内容。本书根据城市轨道交通标准化作业流程岗位标准和培训规范进行编写。内容丰富，通俗易懂。

本书可作为城市轨道交通运营车辆系统岗位培训考试用书，也可作为运营管理部门、设计部门、科研单位和教育机构的参考书。

责任编辑：胡明安
责任设计：谷有稷
责任校对：李美娜　姜小莲

城市轨道交通运营车辆系统岗位培训教材
城市轨道交通标准化作业教程
丛书主编：张　辉　谭文举　柳　林
主　　编：王　亮　罗　敏　唐宇斌　明　洪
主　　审：张世荣　祁　勇

＊

中国建筑工业出版社出版、发行（北京海淀三里河路 9 号）
各地新华书店、建筑书店经销
霸州市顺浩图文科技发展有限公司制版
北京市密东印刷有限公司印刷

＊

开本：850×1168 毫米　1/32　印张：5½　字数：151 千字
2017 年 6 月第一版　2017 年 6 月第一次印刷
定价：**19.00** 元
ISBN 978-7-112-20392-5
（29914）

本书编委会

丛书主编：张　辉　谭文举　柳　林

主　　编：王　亮　罗　敏　唐宇斌　明　洪

主　　审：张世荣　祁　勇

编　　委：（排名不分先后）

金敏敏　于　深　石祖警　吕增顺　李　勇

李大洋　桂许悦　徐莎莎　李燕艳　钟国强

郑吴富　邱明江　谢喜佳　陈　鹏　滕　展

李文龙　陈赞杰　刘国政　潘小坤　黄室榕

王　伟　李成林　曾　玥　旷文茂　谭睿珂

李福斌　黎　鑫　庞杨明　郭叶星　苏海龙

杨晓帆　邓伟健　莫　程　梁　乐　李志鹏

谢振华　秦小山　吴全立　刘光普　张雪琦

于得水　周山君　姚　闽　蒋　鑫　姜宏安

蒋超鹉　任旭平　赵恒松　任光涛　樊　伟

郑和江　高雅伟　唐福波　郭　涛　黄仕致

吕金枚　李中涛

参编单位：南宁轨道交通集团有限责任公司

　　　　　中国建筑股份有限公司

序

目前，随着我国城市轨道交通事业的快速发展，城市轨道交通的运营、管理及安全已经摆到了首位。轨道交通系统一旦建成，就必须夜以继日地保持系统的安全和高效运营。城市轨道交通系统设备先进、结构复杂，高新技术应用越来越普及，要保障这样庞大系统的安全和高效，必须依靠与之相协调的高素质的人员。轨道交通行业职工素质的高低直接关系到企业的生存和发展。因此，企业必须拥有一支高素质的技术队伍，培养一批技术过硬、技艺精湛的能工巧匠，才能确保安全生产，提高工作效率，提升非正常情况下的应急应变能力。

岗位培训是人才培养的重要途径，是提高企业核心竞争力的重要手段，而岗位培训需要适合的培训教材，在对国内城市轨道交通行业进行广泛调研的基础上，推出了"城市轨道交通运营车辆系统岗位培训教材"，涉及城市轨道交通标准化作业教程、电客车驾驶、工程车驾驶、工程车检修技术、厂段调度、车辆系统功能与组成、车辆检修技术、设备维修技术、设备操作原理、运营安全管理等内容。

本套教材由南宁轨道交通集团和中国建筑股份有限公司组织从事城市轨道交通建设和运营管理的专家编写。在教材内容方面，力求实用技术和实际操作全面、完整，在注重实际操作的基础上，尽可能将理论问题讲解清楚，并在表达上能够深入浅出。本套丛书不仅是城市轨道交通工程运营专业人员的岗位培训、技能鉴定的培训教材，也可以作为城市轨道交通大中专院校、职业学校学生的教学参考用书。

相信该套培训教材，能在广泛吸收国内、外同行技术与管理经验的基础上，结合国内行业实际情况，为城市轨道交通车辆系统，提供一套完整而系统的参考读物，亦为我国城市轨道交通运营管理的基础理论和实用技术填补空白。

张　辉

前　言

　　当今时代，城市轨道交通作为一个城市公共交通系统的重要组成部分，不仅为城市的现代化跨越式发展注入强大动力，也为城市的整体设计规划做出巨大贡献。而伴随着城市轨道交通重要性、便捷性日益凸显，乘务安全运作、厂段科学调度、设备精检细修也越来越受到人们的重视。因此，有必要研制一套行之有效的标准化作业流程为城市轨道交通保驾护航。

　　古人言："无规矩，不成方圆。"对于"牵一发而动全身"的城市轨道交通而言，任何一个小细节出现问题都有可能引起列车晚点甚至是行车事故，为保证行车运输质量，达到行车安全的目的，制定标准作业流程迫在眉睫。目前，国内外专家对城市轨道交通的标准化作业流程作了深入研究，取得了一定进展，但多是就某方面进行论述，难以形成统一规范的标准。而一套行之有效的标准化作业流程，可以使运营管理人员更好开展行车组织业务学习、培训，从而使乘务、检修、调度等岗位的技术人员能快速掌握车辆驾驶、车辆检修、行车组织等技能，进而有效避免因标准不一导致安全事故的发生。

　　编者根据多年在城市轨道交通工作的实践经验，结合城市轨道交通自身特点，从乘务行车标准作业流程、厂段调度标准作业流程及设备检修标准作业流程三方面详细介绍城市轨道交通的标准作业流程，注重连续性、体系性、实用性，以期切实推行作业标准化，保证作业安全，提高经济效益，助力城市公共交通。运用标准用语并基于精简原则，特编写本书。本书是编者多年来对城市轨道交通的实践进行的较为科学全面的总结，具有较强的实用性和可操作性，可供广大的专家、读者进行参考、交流、学习，也可作为轨道交通院校的教科书与业内管理人员的培训教材。

全书共分为3章，第1章为乘务行车标准作业流程，主要从电客车司机出乘作业标准和工程车司机出乘作业标准两方面进行展开，分别按照时间节点的先后顺序，对标准作业流程进行讲述，做到了细致全面、深入浅出。第2章为厂段调度作业标准，主要从车厂作业流程和检修调度作业流程两方面来阐述。在厂段调度标准作业流程部分，则分块从洗车作业、试车作业、接触网停送电作业、施工请销点作业、调车作业、收发车作业六个模块进行分析；检修调度作业流程则从请销点作业流程与接触网停送电作业流程两方面剖析，图文并茂，内容完整。第3章为设备检修标准作业流程，该部分基于车辆分为电客车与工程车的分类原则，主要从电客车检修、工程车检修、厂段工艺设备操作三个子块进行分述。电客车检修作业流程、工程车检修作业流程部分基于时间先后节点，又从作业前准备工作、请点作业流程、断送电作业流程、检修流程（无电、有电）及销点作业流程五个子流程进行分析；厂段工艺设备操作作业流程部分主要从列车自动清洗机操作、固定式架车机操作、不落轮镟床操作等作业流程方面叙述，内容简略得当，一目了然。

本书在编写过程中得到了南宁轨道交通集团及运营分公司领导专家的大力支持，在此一并致谢。在成文过程中，也参考和引用了部分同行的相关成果，特向相关作者表示感谢。鉴于编者水平有限，书中纰漏和不足之处在所难免，恳请广大专家、读者批评指正！

编　者

目　　录

1　乘务行车标准作业流程

1.1　客车司机一次出乘作业标准

1.1.1　概述

作业标准化是全国各大地铁公司最重要的企业理念之一，尤其体现在电客车司机的岗位上，大到所有规章制度的执行，小到坐姿、走姿的统一标准，其目的在于预防人的不安全行为，导致事故的发生。

1.1.2　通用服务标准

1. 仪容仪表

（1）上岗时按规定统一着装，要求着装整洁，按规定佩戴领带、胸牌、工号牌等（图 1.1-1、图 1.1-2）。

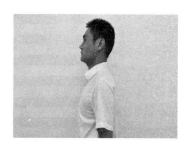

图 1.1-1　正面着装　　　　　　图 1.1-2　侧面着装

（2）男性不得留胡须、留长发、剃光头、染发等奇异发型；女性不得浓妆艳抹和佩戴首饰。

2. 服装服饰

（1）着制服时，应衣着整洁，不缺扣，不立领，不卷袖挽裤。上装要保持干净无皱褶（注意毛发灰尘），口袋内不装多余东西，裤子干净，裤线整齐。

（2）衬衣干净无皱纹，领口无污垢，衬衣下沿应束进裤内，衬衣扣不得漏扣或缺扣，系好领带。

（3）上班时间应按规定统一穿着工作制服。

（4）制服换季和不同颜色领带的系带，按照规定统一执行。

（5）男员工应穿黑色或深色的皮鞋，鞋面保持干净，不穿极度磨损的鞋及露脚趾脚跟的鞋。

（6）女员工应穿黑色或深色皮鞋，款式应简洁大方，不得穿高跟鞋上岗。

3. 体态礼仪

（1）标准站姿

1）上半身挺胸收腹，收臀直腰，双手自然下垂，双肩平齐，头正，双眼平视前方（图 1.1-3、图 1.1-4）；

图 1.1-3　正面站姿　　　　　　图 1.1-4　侧面站姿

2）下半身双腿直立，脚跟并拢，脚掌成 60°的"V"字形分开；

3）站立时双手贴于身体两侧，紧贴裤缝。不要无精打采，耸肩，斜靠墙柱、墙壁；

4）立岗时，不准背手、抱臂、抱握拳、玩手指及其他物品，不得把手插进口袋或将手搭在其他物品上。

（2）标准坐姿

端坐，ATO 驾驶右手放在主控手柄旁边（ATPM 驾驶右手紧握主控手柄），左手自然放在主台上，双眼平视前方（图 1.1-5）。

（3）标准走姿

1）上身正直不摇摆，两肩相平不摇，抬头挺胸，收腹、立腰，肩部放松，两臂自然前后摆动，重心前倾，双目向前平视，嘴微闭；

2）双腿直而不僵，步幅适中均匀；

3）走路时，不可弯腰驼背，大摇大摆，左右摇晃或左顾右盼（图 1.1-6）。

图 1.1-5 标准坐姿

图 1.1-6 标准走姿

（4）标准手势

1）无名指、小指贴于掌心，大拇指压在无名指第一关节处，食指与中指并拢伸直；手臂不弯曲，抬起与肩同高，指向待确认的要素或条件（图 1.1-7、图 1.1-8）；

2）列车静止时左手拿手持电台呼唤，右手手指，运行状态用左手手指。

1.1.3 出勤

1. 出勤流程

见图 1.1-9。

图 1.1-7　标准手势

图 1.1-8　标准手势

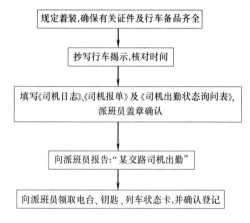

图 1.1-9　出勤流程图

2. 出勤前

（1）备班休息保证 4h 以上充分睡眠，当班前 8h 内严禁饮酒。本班人员如有身体或精神状态异常，及时向派班员汇报。

（2）按规定着装，检查司机包并确认有关证件及行车备品齐全（电筒、手表、规章文本），并在出勤时借用 800M/400M 电台、钥匙，领取当日执行的时刻表和列车状态卡（图 1.1-10）。

3. 出勤时

（1）比照时刻表出勤点提前 15min 到达派班室，认真阅读《行车注意事项》，将行车注意事项抄录于《司机日志》上，核对

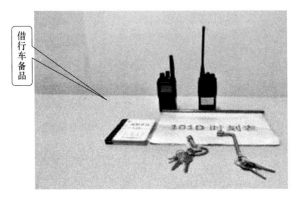

图 1.1-10 行车备品

手表与时钟保持一致（图 1.1-11、图 1.1-12）。

图 1.1-11 抄写行车揭示

图 1.1-12 核对时间

（2）填写《司机日志》及《司机报单》。确认当日使用时刻表及本班人员到齐，认真填写《司机出勤状态询问表》，派班人员盖章确认（图 1.1-13）。

（3）严格按照各自交路出勤时间出勤，出勤时持立正姿势，向派班员报告："某交路司机出勤"，抄写当日行车注意事项，并主动询问有无其他注意事项，由派班人员签章确认（图 1.1-14）。

（4）司机出乘时，派班员须在《司机出/退勤登记表》上进行登记确认，观察司机的精神状态，检查其是否按规定着装，行车备品携带是否齐全（图 1.1-15）。

（5）早班司机及高峰司机在派班室领取电台并开机检查电量

图 1.1-13 出勤状态询问表

图 1.1-14 司机向派班员出勤

（图 1.1-16），确认列车状态卡，了解出厂列车车体号、停放股道、车次及出库时间、出厂时间，并简要记录在《司机日志》上。

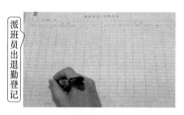

图 1.1-15 司机出/退勤登记表

图 1.1-16 检查电台电量

　　（6）在派班员处领取电客车钥匙一套（主控钥匙 2 把、司机室侧门钥匙 2 把、方孔钥匙 2 把、屏蔽门钥匙 1 把）（图1.1-17），并在《行车出/退勤备品登记本》上登记。

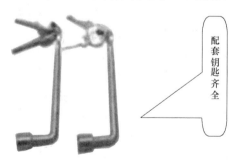

图 1.1-17 电客车钥匙一套

1.1.4 整备作业

1. 整备作业流程

见图1.1-18。

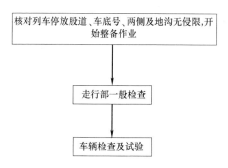

图1.1-18 整备作业流程图

2. 整备作业具体流程

（1）司机到达指定列车股道后，确认股道和车体号与列车状态卡相符并打钩确认，两侧无异物侵限、车底无作业人员后上车，使用车载电台（优先使用）或800M手持台报信号楼值班员开始整备作业（图1.1-19、图1.1-20）。

图1.1-19 确认股道、车体号

图1.1-20 报信号楼

（2）列车整备作业包括车上检查和车下检查两大部分（检查列车底部时受电弓保持降弓状态，不分蓄电池，注意轮对下有无铁鞋、轨面有无异物、有无禁动牌）（图1.1-21）。

（3）严格按照客车出厂检车作业流程整备作业，采用眼看、

图 1.1-21 轨面无异常

手指、口呼的方式，进行车辆检查和试验，确保车辆在投入服务前，技术状态良好，如发现故障及时报告车厂调度员，按其指令处理。

（4）列车整备作业完毕，确认客室照明和全列车空调。

1.1.5 出厂作业

1. 出厂作业流程图

见图 1.1-22。

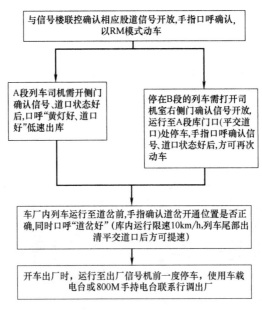

```
┌─────────────────────────────────────┐
│ 与信号楼联控确认相应股道信号开放，手指口呼确认， │
│ 以RM模式动车                          │
└─────────────────────────────────────┘
```

┌──────────────────────┐   ┌──────────────────────┐
│ A段列车司机需开侧门   │   │ 停在B段的列车需打开司 │
│ 确认信号、道口状态好   │   │ 机室右侧门确认信号开放， │
│ 后，口呼"黄灯好、道口   │   │ 运行至A段库门口(平交道 │
│ 好"低速出库   │   │ 口)处停车，手指口呼确认信 │
│   │   │ 号、道口状态好后，方可再次 │
│   │   │ 动车   │
└──────────────────────┘   └──────────────────────┘

┌──────────────────────────────────────┐
│ 车厂内列车运行至道岔前，手指确认道岔开通位置是否正 │
│ 确，同时口呼"道岔好"(库内运行限速10km/h,列车尾部出 │
│ 清平交道口后方可提速)   │
└──────────────────────────────────────┘

┌──────────────────────────────────────┐
│ 开车出厂时，运行至出厂信号机前一度停车，使用车载   │
│ 电台或800M手持电台联系行调出厂   │
└──────────────────────────────────────┘

图 1.1-22 出厂作业流程图

2. 出厂作业注意事项

（1）列车出厂必须严格执行标准联控用语。

（2）司机整备作业完毕后，与车厂信号楼值班员联系出厂，确认相应股道信号机开放，按该列车出厂规定时间以 RM 模式驾驶列车出库。

1）停在 A 段的列车司机需开侧门确认信号、道口状态好后，口呼"黄灯好、道口好"低速出库（库内首次动车前开侧门确认两侧无异物侵限，同时注意自身安全防止坠落）（图 1.1-23）。

图 1.1-23　动车前确认

2）停在 B 段的列车需打开司机室右侧门确认信号开放，运行至 A 段库门口（平交道口）处停车，手指口呼确认信号、道口状态好后，方可再次动车。

（3）车厂内列车运行至道岔前，手指确认道岔开通位置是否正确，同时口呼"道岔好"。

（4）库内运行限速 10km/h，列车尾部出清平交道口后方可提速。

（5）开车出厂时，运行至出厂信号机前一度停车，使用车载电台或 800M 手持电台联系行调出厂。动车前需确认出厂信号开放，RM 模式动车收到速度码后转 ATPM 模式运行（压道车采用 ATPM 模式限速 25km/h）（图 1.1-24、图 1.1-25）。

（6）出厂线列车 ATPM 运行至 S2410 信号机前一度停车，确认列车运行进路是衔接站上行/下行，查看道岔位置是否正确后 ATO 模式运行；入段线列车运行至 X2309 信号机前一度停车，确认列车运行进路衔接站上行/下行，查看道岔位置是否正确后以 AIO 模式运行。

1.1.6　正线作业

1. 正线驾驶

（1）标准坐姿

红灯禁止越过

绿灯允许越过

图 1.1-24 出厂信号红灯 　　　图 1.1-25 出厂信号开放

ATO 驾驶时右手放在主控手柄旁边，左手自然放在 ATO 按钮灯上方，双眼平视前方；ATPM 驾驶时右手紧握警惕手柄，左手自然放在 ATO 按钮灯上方，双眼平视前方（图 1.1-26）。

（2）站名标处，手指确认站线是否有异物侵限、是否有人员作业等，口呼"某某站到，进站注意"（图 1.1-27）。

图 1.1-26 标准坐姿 　　　图 1.1-27 手指确认站线有无侵限

2. 站台作业

（1）列车 ATO 模式到站停稳，司机确认车辆屏显示所有车门全部打开后将主控手柄置于全制动位呼"开左/右门"，到站台确认所有车门、屏蔽门打开，右手指第一扇屏蔽门及车门并口呼"某某（站）车门、屏蔽门开启"。手动开门时应一只脚踏在司机室、另一只脚踏在站台上，再按压开门按钮（图 1.1-28）。

（2）按运营时刻表和 DTI 掌握停站时间（车门、屏蔽门至少保持打开 10s）（图 1.1-29）。

图 1.1-28　手指口呼第一扇
屏蔽门及车门

站台作业关门时机
图 1.1-29　关门时机

（3）关门前先确认 CBTC 灭灯，道岔好；严格执行站台标准化作业"四步曲"依次确认手指、口呼："屏蔽门关好、站台安全、无夹人夹物（查看 3s 以上）、车门关好"（图 1.1-30）。

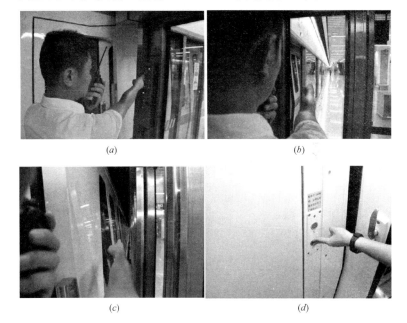

(a)　　　　　　　　　　　(b)

(c)　　　　　　　　　　　(d)

图 1.1-30　关门四步曲
(a) 一步曲：屏蔽门关好；(b) 二步曲：站台安全；
(c) 三步曲：无夹人夹物；(d) 四步曲：车门关好

（4）进入司机室后，确认司机室人员上齐、侧门关好，口呼"CBTC灭灯、道岔好，推荐速度××"，按压ATO按钮列车越过前方信号机后方可松开，并监听出站广播。

3. 交接班作业

（1）上行终点站折返交接班作业程序

1）交班司机上行倒数第二个站列车停稳后用800M呼叫接班司机"接某某次司机，准备接车"，如站前折返则需及时告知接车司机；

2）列车进站对标停妥后，等待车门图标显示全部打开状态后，将主控手柄置于全制动位，确认车门、屏蔽门开启（图1.1-31、图1.1-32）；

图1.1-31 主控手柄置于全制动

图1.1-32 确认车门开启

3）进行清客人工广播："本次列车终点站某某站到了，请所有乘客带齐行李物品下车，多谢合作！"；

图1.1-33 与接车司机交接班

4）确认接车司机已上车后，用司机室对讲与接车司机进行交接班作业：车次、车辆技术状态、行车注意事项、调度命令的交接（一切正常则呼"某某次车况良好、运行正常"无行调命令）（图1.1-33）；

5）司机确认清客完毕，关闭车门、屏蔽门，进行站台关门作业四步曲；

6）以 ATO/ATPM 驾驶列车进入折返线；折返线停妥后，关闭主控钥匙，使用司机室对讲通知接班司机钥匙已关闭；

7）采用 ATB 自动折返时，列车站台作业完毕后，关闭主控钥匙，确认 ATB 按钮灯亮并按压，ATO 灯点亮，司机按压 ATO 按钮后列车自动启动进入折返线；

8）收齐行车备品，经司机室通道门进入客室；反推通道门确认关好，待列车在下行站台停稳开门后，经第一个客室门下车，下车后呼接车司机"某某次司机已下车，通道门关好"。

（2）上行终点站折返接班作业程序

1）接到交班司机呼叫并回复"某某次接车司机到位"后，接班司机比照时刻表提前 1min 立岗接车。采用站后折返时司机到上行站台尾端立岗接车；如遇到站前折返需到下行头端处立岗接车（图 1.1-34）；

2）列车停稳确认屏蔽门、车门打开好后从客室经通道门进入司机室（通道门故障方可从端门由司机室侧门进入），用司机室对讲告知交班司机"接班司机已到位"；

3）交接完毕查看《客车状态记录卡》，确认司机室设备柜开关及旁路状态（图 1.1-35）；

图 1.1-34　立岗接车

图 1.1-35　确认各开关及旁路状态

4）通过司机室对讲与交班司机进行交接班作业（车次、车辆技术状态、行车过程注意事项、调度命令等内容）；

5）确认交班司机关闭主控钥匙后激活本端司机台，以

ATO/ATPM 模式驾驶列车进入下行始发站站台开门载客，立岗时确认交班司机已从客室下车；

6）ATB 折返时，需确认门模式的位置，在自动位时车门屏蔽门自动打开，在手动位时，需手动按压开门按钮，车门、屏蔽门才开启；

7）确认 HMI 相关信息，核对 DMI 目的地代码、车次、发车时间；

8）按照《运营时刻表》的要求投入服务。

（3）下行终点站折返交班作业程序

1）交班司机到达下行倒数第二个站，列车停稳后用 800M 呼叫接班司机"接某某次司机，准备接车"（图 1.1-36）。

2）列车进站对标停稳后，等待车门图标显示全部打开状态后，将主控手柄置于全制动位，确认车门、屏蔽门开启。

3）进行清客人工广播："本次列车终点站某某站到了，请所有乘客带齐行李物品下车，多谢合作!"。

图 1.1-36　800M 呼叫接班司机

4）确认接车司机上车后，用司机室对讲与接车司机进行交接班作业。

5）司机确认清客完毕，关闭车门、屏蔽门，进行站台关门作业四步曲。

6）以 ATO/ATPM 驾驶列车进入折返线；折返线停妥后，关闭主控钥匙，使用司机室对讲通知接班司机钥匙已关闭。

7）采用 ATB 自动折返时，列车站台作业完毕后，关闭主控钥匙，确认 ATB 按钮灯亮并按压，ATO 灯点亮，司机按压 ATO 按钮后列车自动启动进入折返线。

8）收齐行车备品，经司机室通道门进入客室；待列车在上行始发站站台停稳开门后，经第一个客室门下车，下车后呼接车司机"某某次司机已下车，通道门关好"。

（4）下行终点站接班作业

1）接到交班司机呼叫并回复"某某次接车司机到位"后，接班司机比照时刻表提前 1min 在下行站台尾端立岗接车（图 1.1-37）；

2）列车停稳确认屏蔽门、车门打开好后从客室经通道门进入司机室（通道门故障方可从端门由司机室侧门进入），用司机室对讲告知交班司机"接班司机已到位"；

3）到达发车端司机室查看《客车状态记录卡》，确认司机室设备柜开关及旁路状态；

图 1.1-37　立岗接车

4）通过司机室对讲与交班司机进行交接班作业（车次、车辆技术状态、行车过程注意事项、调度命令等内容）；

5）确认交班司机关闭主控钥匙后激活本端司机台，以 ATO/ATPM 模式驾驶列车进入上行始发站站台停稳后开门载客，立岗时确认交班司机已从客室下车；

6）ATB 折返时，只需确认门模式的位置，在自动位时车门、屏蔽门自动打开，在手动位时，需手动按压开门按钮，车门、屏蔽门才开启；

7）确认 HMI 相关信息，核对 DMI 目的地代码、车次、发车时间；

8）按照《运营时刻表》的要求投入服务。

1.1.7　回厂作业

1. 回厂作业流程图

见图 1.1-38。

2. 回厂作业注意事项

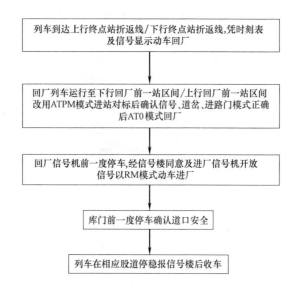

图 1.1-38　回厂作业流程图

（1）列车到达上行终点站站台/下行终点站站台清客完毕，折返到下行始发站站台/上行始发站站台对标停车确认无人员添乘及无加开列车计划后，动车回厂。

（2）回厂列车运行至下行回厂前一站区间/上行回厂前一站区间改用 ATPM 模式进站对标后确认信号、道岔、进路门模式正确后 ATO 模式回厂。

（3）回厂列车以 ATO 模式运行至转换轨自动落码停车后，报信号楼值班员："信号楼，某某车在某某信号机前停稳"。经信号楼值班员同意回厂后，手指确认进厂信号机开放黄灯，方可转 RM 模式动车进厂（图 1.1-39、图 1.1-40）。

（4）车厂内采用 RM 模式限速 25km/h，注意确认进路及道岔位置。

（5）运行至库门或平交道口 5m 左右前一度停车（图 1.1-41），确认道口安全限速 5km/h 越过平交道口后按规定速度

红灯禁止越过

图 1.1-39 回厂信号红灯

黄灯允许越过信号

图 1.1-40 回厂信号开放

入库，（进 B 段停车时，须在平交道口前一度停车，手指确认信号开放、道口安全；距离停车位置一车距离停车打慢行位对标停车，停稳后恢复慢行位），施加停放制动后报告信号楼值班员"信号楼，某某车在某某道停稳，已做好防溜"。

标识前一度停车

图 1.1-41 一度停车牌

（6）收车程序：将手柄置于"零位"关闭空调、照明、分高断、降受电弓并手指确认，抄写当日公里数，关闭司机台，将司机室照明开关置于"分位"分列车激活开关。

（7）携带好行车备品及列车状态卡，将司机室侧门锁闭。

1.1.8 退勤

1. 退勤流程图

见图 1.1-42。

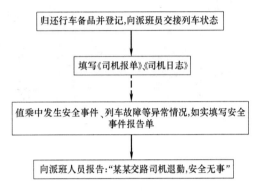

图 1.1-42　退勤流程图

2. 退勤具体流程

（1）在车厂派班室归还电客车钥匙、屏蔽门钥匙、800M/400M 电台、方孔钥匙、时刻表，并在《行车备品登记本》上登记（图 1.1-43）、交回《列车状态卡》（有车辆故障时需在状态卡反面记录并向派班员说明）。

图 1.1-43　归还备品并登记

（2）认真填写《司机报单》及《司机日志》（若值乘中发生安全事件、列车故障等异常情况，应及时如实填写安全事件报告单）（图 1.1-44），退勤时需立正，向派班人员报告："某某交路司机退勤，安全无事"。

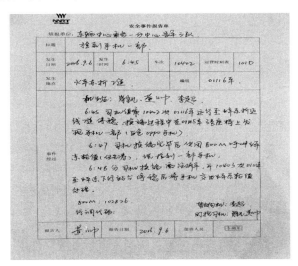

图 1.1-44　安全事件报告单

（3）晚班退勤人员退勤完毕后，在 30min 内到达司机备班公寓进行备班休息，备班期间注意备班纪律，严禁大声喧哗、随意串门；并自觉保持好公寓环境卫生。

1.2　工程车司机出乘作业标准

1.2.1　概述

1. 工程车司机

在城市轨道交通行业中，工程车司机与电客车司机均为列车乘务员，他们处于城市轨道交通运营的第一线，肩负着行车安全的主要责任。他们均需要经过特殊的岗位知识和技能培训合格后才能独立上岗。

工程车开行时，车上一般有两名工程车司机，一名负责驾驶列车；另一名担任车长（或调车员）。

在正线作业时，车长负责工程车在正线运行的现场指挥，与施工负责人沟通、落实作业要求及安全措施，推进运行时负责引导工作。

在车厂内调车作业时，调车员是车厂内调车作业的现场指挥者，协调、组织参与调车作业人员及时完成调车作业，并监控调车作业按计划实施。

2. 工程车辆

工程车辆主要用于城市轨道交通运营线路设备和供电设备施工维修、施工运输物料、正线救援抢修的主要工具车辆。按工程车辆的具体用途分类，主要包括有轨道（牵引）工程车、接触网检测车、轨道检测车、接触网作业车、钢轨打磨车、轨道平车、收轨平车、轨道探伤车等。

3. 工程车司机出乘作业标准

工程车司机必须严格遵守规章制度，按章操作使用设备和正确执行各项作业程序，才能确保工程车的运行安全。工程车司机的出乘作业主要包括：出勤、出乘前的整备作业、工程车出库、正线作业（正线运行、站内作业、区间作业）、回厂作业、厂内调车作业、退勤等。

在本节中，主要通过工程车司机驾驶作业轨道（牵引）车为例，对工程车司机的一次出乘作业标准化进行阐述（图 1.2-1）。

1.2.2 工程车司机出勤

1. 仪容仪表

上岗时按规定统一穿工作服，要求着装整洁；男性不得留胡须、留长发、剃光头、染发等奇异发型（图 1.2-2）。

2. 服装服饰

上班时间应按规定统一穿着工作服；穿劳保鞋，鞋面保持干净，不穿极度磨损的鞋；穿着工作服时，应衣着整洁，不缺扣，不翻立领，不卷袖挽裤。上装要保持干净无皱褶（注意毛发灰

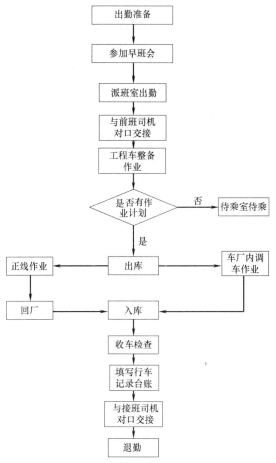

图 1.2-1 工程车司机出乘作业标准流程图

尘），口袋内不装多余东西，裤子干净；衬衣干净无皱纹，领口无污垢，衬衣扣不得漏扣或缺扣；调车作业时，应按规定穿戴劳保用品，穿荧光衣，戴安全帽。

1.2.3 工程车司机出勤规定

（1）在轨道交通行业中，目前工程车的值乘制度主要采用轮乘制。工程车司机（车长）的日常排班作业采用四班二运转制。

（2）班前充分休息，保证班中精力充沛，出勤前 10h 严禁饮

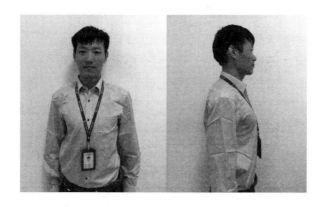

图 1.2-2　着装规范

酒和服用影响精神状态的药物。机班人员必须同时出、退勤，机班人员最少不得少于 2 人。严格按规定着装，按时参加点名，认真抄/阅相关施工作业、调度命令、行车指示及安全注意事项，认真听取车厂调度的工作布置和安全注意事项，将与当天有关的作业内容和安全注意事项，认真做好出乘安全预想，重要内容记录在《司机日志》上。

（3）听取车厂派班员传达的指示及行车注意事项，领取《司机报单》并认真填写，并将《司机日志》、《司机报单》一同交由派班员确认盖章（图 1.2-3）。

图 1.2-3　出勤、开安全会

（4）与交班司机对口交接，清楚交班司机交代的各种事项，了解各工程车辆质量技术状况、燃油存量、防溜设置情况，确认工具备品及消防器材的数量、状态，电台交接后要进行功能测试（图1.2-4）。

图1.2-4　对口交接

1.2.4　工程车司机整备作业

（1）整备前准备，司机到达指定机车车辆停放股道后，确认股道和车型无误，两侧无异物侵限、车底无作业人员后上车，用电台报信号楼值班员开始整备作业。整备作业的分工及要求：原则上整备一台机车时间为45min，司机负责检查车上部，车长／调车员检查车下部、车底部，两人密切配合发现问题及时进行处理（图1.2-5）。

图1.2-5　整备检查

（2）严格按照机车车辆检查走行线路图整备作业，检查车底部、车下部、机器间时，必须戴安全帽、穿荧光服、劳保鞋。采用目视、手动、耳听、口念的方式，进行车辆检查和试验，确保机车车辆在投入作业前，技术状态良好，如发现故障及时处理，如无法处理立即报告车厂调度员，并填写《设备故障报活检修单》按规定进行报修处理（图1.2-6）。

图1.2-6　走行部检查

（3）清点随车备品备件：按随车备品清单清点随车备品，包括随车备件、工具的数量及质量，随车劳保用品（图1.2-7）。

图1.2-7　清点随车备品备件

（4）严格按日常保养范围对机车进行详细检查；每天对运用机车进行蓄电池电压检查，确保大于24V，低于24V则需要启机充电，长时间不运用的工程车每月进行1次启机充电，蓄电池亏电或电池老化不能发动柴油机时按报废处理。

（5）机车检查方法

乘务员应对所使用的车型结构、各部件的名称、正常安装位置及状态非常熟悉，掌握该车型的运用特点以及容易出现故障的部件及关键部位，充分利用整备时间（45min）；根据声音、颜色、形态、温度、气味等线索，准确及时地判断故障处所和故障程度，并采取适当的措施（表1.2-1）。

机车检查的方法   表1.2-1

序号	方法	分类	注 意 事 项	备注
1	锤检法	锤击	根据锤击部件时发出的响声及手握锤柄的振动感觉来判断是否紧固或断裂	螺母、螺栓有画线时不敲
		锤触	适用于较细的管路、卡子、M14以下的螺母、螺栓、螺钉，检查是否松动或断裂	
		锤钩	用以检查车钩钩舌的锁钩状态和开锁状态	
		锤划	用以检查难以看清的轮缘踏面	
		锤量	用以检查车钩中心高度之差	
2	手检法	手动	适用于较细的螺钉、管接头、各种阀门及各仪表、开关电器等	
		手触	适用于检查有关部件的温度、管路的振动、高压油管的脉冲等	能持续3s为70℃上下
3	目视法		检查装置是否变形、裂纹、丢失、脱落、歪斜、折损、擦伤、泄漏、磨耗、缺油、变色、及对油、水、砂、工具、备品、消防器材进行检查	
4	耳听		凭听觉（借助锤柄、听棒）判断机件运转不正常的现象和故障	

（6）检查要做到"五禁止"：

1）禁止反方向锤击螺母和螺栓；

2）禁止锤击带有压力的管子、细小管接头及M14（对边距离14mm）以下的螺母及螺栓；

3）禁止用检查锤触、拨电器部件；

4）禁止锤击光洁摩擦部件；

5）禁止手触带电和运动部件。

（7）检查方法：检查机车时，应做到步伐、锤、灯顺序动作协调一致，自上而下，由里往外，从左至右，以锤检、手检、目视、耳听、鼻嗅、测量、测试等方法进行。

1.2.5　工程车出厂作业

（1）出厂信号显示含义，出厂兼调车信号机采用矮柱三显示机构（一个三灯位机构）：

黄灯：允许列车出车厂；

红灯：禁止越过该信号机；

白色：准许按规定的速度越过该信号机调车。

（2）车长到车厂调度领取书面的行调命令，核对命令内容与当晚作业计划是否一致，检查命令内容、命令号码、行调代码、发令日期、行车专用章、车厂调度员签章/签名正确合理，有疑问立即向车厂调度报告；车长接收命令后，向本机班内人员传达，并确认掌握命令内容；发车前车长向车厂调度员确认上车人数；出厂信号已开放，信号楼值班员和车长联控，司机、车长确认车厂调度员的发车信号动车（单机除外）。

（3）列车出厂必须严格执行标准联控用语。

（4）司机整备作业完毕后，与车厂信号楼值班员联系出厂，确认相应股道信号机开放，按该列车出厂规定时间驾驶列车出库。停在工程车库内的列车司机、调车员/车长确认信号、道口、库门锁闭良好状态好后，口呼"黄灯好、平交道口无人、无障碍物、库门锁闭良好"，调车员徒步引导工程车司机动车出库，动车时做好空挡惰行，确认无抱闸、无异响，待工程车压上平交道口后，停车让调车员/车长安全上车后，再次呼唤动车（长端时调车员/车长需在前方引导，注意站稳抓牢）。列车在车厂内运行时，需要手指确认道岔开通位置，同时口呼"道岔好"；库内以规定限速运行，列车尾部出清平交道口后方可提速，开车出厂时，运行至出厂信号机前一度停车，使用行调电台联系行调出厂。动车前需确认出厂信号开放（图1.1-24、图1.1-25）。

出厂线列车运行至出厂线最后一架信号机前一度停车，确认列车运行进路是出厂线与正线连接的线路，确认信号开放，查看道岔位置正确后鸣笛起动运行；入厂线列车运行至进入正线信号机前一度停车，确认信号开放，查看道岔位置正确后鸣笛起动运行。

1.2.6 工程车正线作业

（1）接班检查：接班后了解正线施工列车编组、作业内容等情况，提前准备好需要携带的工具备品。认真摘抄相关运行揭示，检查列车车钩、风管连接状态、制动防溜状态，按规定进行制动机试验。检查确认货物装载加固是否符合规定，发现问题及时报厂调处理。

接受调度命令：确认调度命令内容无误，并与施工计划核对，确认进出库进路、施工作业区域、作业内容、请销点车站等，开好安全预想会。

（2）出库前列车检查：再次进行列车全面检查，确认车钩、风管连接及列车制动状态良好，货物装载符合规定。确认车辆手制动、停放制动缓解、铁鞋等防护标识拆除。

（3）出库运行：确认行车凭证已交付，信号已开放，人员已上车并处于安全位置。建立与行调"问路行车"的理念。运行中严格执行调度命令、信号显示要求，并加强瞭望；严格执行各项允许和限制速度，严禁臆测行车。并加强与车长和施工负责人联系。

（4）正线驾驶

驾驶时左手放在手柄上，右手放在制动机上方，双眼平视前方（图1.2-8）。

图1.2-8　车辆驾驶作业

百米标、站名标处，手指确认站线有无异物侵限、有无人员作业等，口呼"百米标、某某站进站注意"。工程车正线牵引速度不能超过线路限速，推进运行速度不能超过规章规定的限速，通过侧向道岔不能超过道岔侧向限速，工程车通过车站时应鸣笛、减速运行。

（5）站台施工请点作业

1）工程车配合施工作业，在车站中部屏蔽门活动门停车联系车站，不要在司机立岗处停车，停稳后报行调，行调通知车站开屏蔽门，特殊情况经车站同意，可以对应急门停车，打开应急门进入车站，到达车控室进行请点。

2）施工负责人请点后，车站值班员同施工负责人一同到工程车停车位置将调度命令交到车长，司机、车长进行复诵确认。车长将调度命令与行调进行核实确认，确认调度命令的正确。听从施工负责人指令在封锁区域进行作业。作业结束后，报行调，施工负责人进行销点作业，销点结束后听从行调指令动车回厂。

（6）施工作业：认真执行单进路封锁的行车规定，动车前必须先与行调、车长和施工负责人联系，具备动车条件后方准动车。停车作业时必须做好防溜措施。

工程列车原则上不进行甩挂作业。特殊情况需甩挂车辆时，征得行调同意，只能在车站甩挂车辆。摘车时，先做好防溜再摘车；挂车时，先挂好车再撤除防溜。车辆停放在车站应连挂在一起（特殊情况需分组停放时应分组做好防溜），并在车组两端放置红闪灯防护。

原则上在30‰及以上坡道上不停车作业。特殊情况需停车作业时，应采取有效的制动防溜措施，司机要确认制动风压良好，不得停机。

正线运行因故不能返回车厂时，由行调安排存车股道，车长在列车同侧两端放置铁鞋防溜，拧紧手闸，施加停车制动，来车方向股道中间（车前1m）设置红闪灯，将铁鞋位置、编号及其他防溜措施报告行调，并在《工程车司机交接班记录簿》上记录。

（7）准备回厂：回厂前先与行调联系，运行中严格执行命令、信号显示要求，并加强瞭望。作业结束后不能立即回厂时，机班不得擅自离开机车，必须保持列车制动、电台畅通。

1.2.7 回厂作业

入厂信号机的设置及显示：

（1）入厂信号机的设置地点：车厂管辖与转换轨的交界处。

（2）信号机的类别、显示及含义：

入车厂信号机采用高柱三显示机构（一个三灯位机构）：

黄灯：允许列车进车厂；

红灯：禁止越过该信号机；

黄/红灯：引导信号进车厂。

地铁入厂线一般都有较大的坡度，列车从正线运行至车厂，在入厂信号机前一度停车，司机与车厂信号楼联系，得到信号楼同意列车入厂，确认信号开放后司机方可驾驶列车入厂。挂有电客车、三个或三个以上平板车、雨天等特殊情况回厂，车长可提前联系车厂信号楼建议提前 10min 开放入厂信号；得到信号楼同意和相应的入厂信号已开放的通知后，并现场确认信号开放正确后，可不再一度停车，防止爬不上坡。

凭进厂信号机的显示进厂，采用限速运行，确认进路及道岔位置正确。运行至库门平交道口前一度停车，确认道口安全、库门锁闭良好、库内线路出清，以低于限速入库的速度运行，待列车对标停妥后，司机报告信号楼值班员"信号楼，某某车在某某道停稳"。

收车程序：施加停放制动、施加常用制动、做好防溜、关闭空调、照明，将手柄置于"零位"、断开总电源开关、关好门窗等，报信号楼停稳及防护防溜设置情况。

正线作业完成返回车厂后，及时向车厂调度员汇报作业情况（图 1.2-9）。

1.2.8 退勤

（1）退勤前，填写交接班记录本、司机日志、行车日志、钥匙交接记录表等，整理交接班内容、文件，做好书面记录（图 1.2-10）。

（2）交接班规定

待接班机班出勤回到待乘室后，交班机班与接班机班必须对口交接。

交接内容包括：各工程车质量技术状况、燃料存量、机车钥

图 1.2-9 车辆入库停车　　　　图 1.2-10 填写行车记录台账

匙数量、电台数量及质量、工具备品的状况及相关重要事项，核对工程车停留位置、铁鞋设置情况、注意事项等，在《工程车司机交接班记录簿》确认并签名。

（3）到达派班室退勤

1）交班司机填写好《司机日记》、《司机报单》交派班室审阅，派班员盖章确认。

2）向派班员汇报当班中的情况，必要时填写《事故/事件单》。特殊情况（如在正线作业不能回派班室的退勤等），司机交接完毕后，交班司机方可向车厂派班员办理电话退勤。

2 厂段调度作业标准

2.1 车厂调度作业标准流程

2.1.1 概述

  地铁车辆段设备设施具有专业多、种类杂、数量大、管理方式多样的特点。特别是车辆段内行车组织与施工管理方面，各城市轨道交通按照各自的管理方式和技术标准规范实施作业。与铁路相比，缺乏行业性的执行标准、各项作业统一规范、将管理经验归纳总结推广渠道，现处于各自独立探索发展的状态，经验累积效率十分低下。

  因此编写此标准化文本探讨城市轨道交通车辆段生产管理的特点和方法，实际上是进行行业内相关作业方式讨论的一种尝试，旨在抛砖引玉。

2.1.2 洗车作业流程

  洗车作业流程，见图 2.1-1。

  （1）车厂调度根据检修调度提供的洗车计划及转轨申请单，编制列车调车计划并传达给信号楼值班员（图 2.1-2、图 2.1-3）。

  （2）车厂调度员编制调车计划时，需确认接触网供电正常、无影响洗车作业的施工作业、调车作业及洗车线路空闲。

  （3）信号楼值班员根据列车转轨计划，排列列车至洗车线的进路。

  （4）洗车机操作员确认洗车机状态良好，线路出清后，开放"允许洗车"信号绿灯，洗车库按钮盘和信号楼值班员 MMI 上的"洗车同意"指示灯亮（图 2.1-4）。

洗车作业

↓

接到洗车申请

↓

将列车组织到洗车机前待令

↓

洗车房"同意洗车"绿灯亮,方可排列进路洗车

↓

洗车完毕按调车方式回库

图 2.1-1　洗车作业流程图

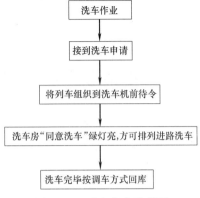

图 2.1-2　电客车转轨计划　　　　图 2.1-3　车辆转轨申请单

图 2.1-4　洗车机现场

（5）信号楼值班员先排列洗车完毕后列车运行的进路。

（6）信号楼值班员再排列进入洗车线的进路（图2.1-5）。

凭信号白灯进入洗车线

图2.1-5　进入洗车线信号机

（7）信号楼值班员确认洗车进路办理妥当后，通知司机并听取复诵。洗车完毕后，按调车方式回库。

2.1.3　试车作业流程

试车作业流程，见图2.1-6。

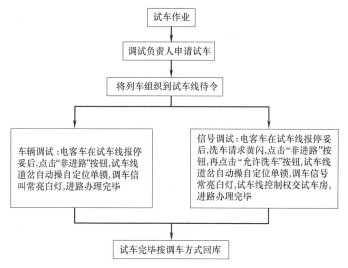

图2.1-6　试车作业流程图

（1）车厂调度员根据《施工行车通告》中的施工计划，向司机和信号楼值班员等有关人员下达计划并说明注意事项（图2.1-7、图2.1-8）。

图 2.1-7　申请作业　　　　　图 2.1-8　施工计划

（2）编制调试作业计划前，需确认接触网供电正常、无影响调试作业的施工作业、调车进路及试车线路空闲（图2.1-9）。

调车作业单

| | 机车（客车）号码 | 0104 | 班组 1 | 第 1 号 | |

作业项目	作业时间	顺号	股勾车道种数	安全事项及其它交代
电客车试车线调试	08:00 ～ 18:00	1	11A	调试时驾驶模式：NRM 模式
		2	奉36	
		3	试35	
		4	调试完毕	防溜措施：动车确认铁鞋及防溜撤除
		5	试35	
		6	奉36	
		7	11A	注意事项：1. 动车确认信号 2. 试车线限速行驶
		8		
		9		
		10		
		11		
		12		
		13		
		14		
		15		
		16		
		17		
		18		

车厂调度员：李四　　　　　10月 1 日
值班员：王五

注：1. 驾驶模式在车辆调试作业时填写，调车作业填写无。
　　2. 防溜措施使用铁鞋时填写铁鞋防溜。未设置铁鞋时填写无。

图 2.1-9　试车调车计划单

（3）信号楼值班员根据车厂调度员传达的调车作业计划，按规定排列调车进路。

（4）调试车辆在试车线某某信号机前停妥后，向信号楼值班员汇报停妥，信号楼值班员确认并复诵后点击【功能按钮】+【非进路按钮】（信号调试时通知试车房值班人员）。

（5）确认试车线相关信号机常亮白灯，相关道岔自动操至定位单锁（信号调试时由试车房人员申请试车，信号楼值班员办理非进路锁闭后，同意试车申请，此时试车线控制权交给试车房值班人员）（图 2.1-10）。

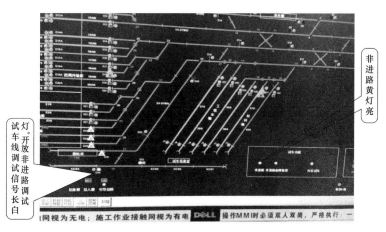

图 2.1-10　微机系统相关显示

（6）信号楼值班员通知司机进行压道一次。（注意压道限速15km/h）

（7）信号楼值班员通知调试司机凭地面信号显示及调试负责人指令动车。

（8）调试车辆调试作业完毕后，运行至试车线某某信号机前停妥，司机通知信号楼值班员列车调试完毕且在某某信号机前停妥，申请回库。

（9）信号楼值班员接到司机调试完毕、已至某某信号机前停妥汇报后确认并复诵，向车厂调度员报告。

（10）车厂调度员收到汇报后通知信号楼值班员取消试车进路。

（11）信号楼值班员点击【总取消按钮】+【非进路按钮】取消试车进路（信号调试时由试车房人员申请取消试车进路，点击【总取消按钮】+【非进路按钮】，此时试车线控制权交还给信号楼值班员）。

（12）确认试车线相关信号机灭灯，相关岔单锁解除后，排列调车进路安排调试列车回库。

2.1.4 接触网停送电作业流程

1. 接触网停送电流程

见图 2.1-11。

2. 车辆段内供电中心配合其他单位进行的需停电挂地线作业流程

（1）施工负责人在车厂调度处请点，主动出示施工负责人证、隔离开关及挂接地线操作资格证（图 2.1-12）。

（2）车厂调度核对施工负责人具备请点资质后，登记《车厂施工、检修作业登记表》，通知信号楼值班员在 MMI 上做好防护，更新占线板；车厂调度填写停电通知单交检修调度，检修调度确认列车降弓（车厂备用车由电客车司机负责）后，填写回复联交车厂调度（图 2.1-13）。

（3）信号楼值班员接到车厂调度的停电通知后，在 MMI 上做好防护，更新占线表，通知车厂调度防护已做好。

（4）车厂调度通知行车调度车厂某某区需停电施工，影响车厂收发车，得到行车调度同意后，用录音电话向电力调度申请车厂某某分区停电："电力调度，车辆段某某区具备停电条件，申请停电"（图 2.1-14）。

（5）电力调度接到车厂调度的停电申请后复诵："车辆段某某区具备停电条件，申请停电，电力调度明白"，电力调度将某某区隔离开关远程断开后，通知车厂调度："车厂调度，车辆段某某区已于某时某分停电"。

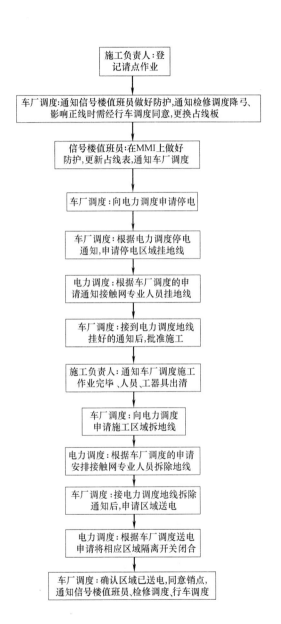

图 2.1-11 接触网停送电作业流程图

图 2.1-12　施工申请登记

停电通知单

2016 年 10 月 1 日

检修调度：

　　　D1　区计划于 10 时 00 分至 15 时 00 分停电检修，请安排　　D1　区列车降弓及做好防护。

车厂调度：李四

时　间：09:00

回复联

2016 年 10 月 1 日

车厂调度：

　　　D1　区所有列车已降弓及人员已做好防护，同意　　D1　区停电。

检修调度：张三

时　间：10:00

送电通知

2016 年 10 月 1 日

检修调度：

　　　D1　区于 15 时 00 分送电，特此通知。

车厂调度：李四

检修调度：张三

时　间：15:00

图 2.1-13　停电通知单

图 2.1-14　与电力调度联控

（6）车厂调度复诵："车辆段某区已于某时某分停电，车厂调度明白"，并记录时间。停电完毕后，车厂调度向电力调度申请挂地线："电力调度，车辆段某区已停电，申请某区挂地线"。

（7）电力调度接到车厂调度挂地线的申请后复诵："车辆段某某区已停电，申请某某区挂地线，电力调度明白"，电力调度安排接触网专业人员挂好地线后，通知车厂调度："车厂调度，车辆段某某区地线于某时某分已挂好"。

（8）车厂调度复诵电力调度指令："车辆段某某区地线于某时某分已挂好，车厂调度明白"，并做好登记后，批准接触网专业人员开始作业（或批准需接触网专业配合停电挂地线的施工作业）。

（9）作业完毕，施工负责人确认人员、线路出清后，向车厂调度销点，登记《车厂施工、检修作业登记表》。

（10）车厂调度核对施工请点人与销点人一致，确认车厂施工、检修作业登记表登记无误后，批准销点。

（11）车厂调度使用录音电话向电力调度申请："电力调度，车辆段某某区作业已销点，申请某区拆地线"。

（12）电力调度复诵："车辆段某某区作业已销点，申请某区拆地线，电力调度明白"，电力调度通知接触网专业人员将地线拆除后通知车厂调度："车厂调度，某某区地线于某时某分拆除"。

（13）车厂调度复诵电力调度通知："某某区地线于某时某分拆除，车厂调度明白"，做好登记。使用录音电话向电力调度申请："电力调度，车辆段某某区申请送电"。

（14）电力调度复诵车厂调度送电申请："车辆段某某区申请送电，电力调度明白"，电力调度通过远程操作将某某区隔离开关合闸后，通知车厂调度："车厂调度，车辆段某某区于某时某分送电完成"。

（15）车厂调度复诵电力调度送电通知："车辆段某某区于某时某分送电，车厂调度明白"，通知信号楼值班员撤除防护措施，填写送电单交检修调度，通知行车调度车辆段某某区恢复供电。

（16）信号楼值班员接到车厂调度撤除防护的通知后，在MMI上撤除防护，更新占线表。

3. 车辆段单股道停电挂地线作业流程

（1）施工负责人到车厂调度处登记车厂隔离开关停送电登记本请点断电（图2.1-15）。

图2.1-15　停电申请登记

（2）车厂调度确认线路出清（如需工程车配合时，工程车已进入作业区）可以停电后，通知信号楼值班员某某道停电挂地线，信号楼值班员在微机系统做好防护（图2.1-16）。

图2.1-16　微机联锁防护

（3）车厂调度员向施工负责人借出隔离开关钥匙和手摇把（图2.1-17）。

（4）车厂调度员和信号楼值班员共同在某某道停电申请单上签字确认并更新占线板。

（5）施工负责人开始进行停电挂地线作业。

（6）地线挂好后，施工负责人交还隔离开关钥匙及手摇把给车厂调度员，登记断闸及完成挂地线时间。

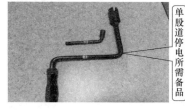

图2.1-17　隔离开关钥匙及手摇把

（7）车厂调度员批准施工负责人开始施工。

（8）施工结束后，施工负责人向车厂调度员销点送电并登记车厂隔离开关停送电登记本。

（9）车厂调度员向施工负责人借出隔离开关钥匙及手摇把。

（10）车厂调度员在某某道送电申请单上签字确认。

（11）施工负责人在某某道开始拆地线送电作业。

（12）送电完成后，施工负责人交还隔离开关钥匙及手摇把给车厂调度员，登记合闸及完成拆地线时间。

（13）车厂调度员通知信号楼某某道送电完成，信号撤除防护。

（14）信号楼值班员在送电申请单上签字确认。

（15）车厂调度员更新占线板。

2.1.5 施工请销点作业流程

施工请销点作业，见图2.1-18。

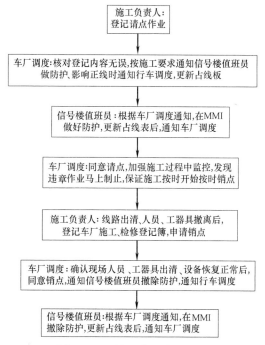

图 2.1-18 施工作业流程图

（1）施工负责人在施工开始前到车厂调度处请点，主动出示施工负责人证及施工所需其他凭证。

（2）车厂调度员核对施工负责人资格证无误并确认具备请点条件后，同意施工负责人登记车厂施工、检修作业登记表（图2.1-19）。

图2.1-19 施工申请登记

（3）车厂调度员通知信号楼值班员在MMI上相应区域做好防护，在占线板上做好标识（图2.1-20）。

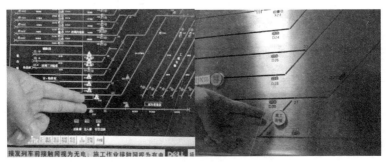

图2.1-20 微机系统防护、占线板防护

（4）信号楼值班员通知车厂调度已按规定做好防护，并已更新占线表。

（5）施工负责人在车厂调度批准作业后，方可进入现场作业，按规定做好安全防护措施。

（6）施工（检修）作业完毕，确认施工（检修）对象及影响范围已恢复正常，现场作业人员、工器具已撤离股道。

（7）如属道岔、信号检修施工，施工负责人通知联络人员向信号楼值班员报告作业完毕，线路出清，联系信号楼值班员进行必要的操作试验，确认状态良好后，撤除防护，到车厂调度办处理销点手续（图2.1-21）。

（8）车厂调度员确认施工销点人与请点人一致；确认人员、

工器具已出清线路，设备恢复正常使用；车厂施工、检修作业登记表填写无误；同意销点。

图 2.1-21　施工负责人申请销点

（9）车厂调度员通知信号楼值班员撤除防护，并更新占线板。

（10）信号楼值班员接到车厂调度施工完毕的通知后，撤除 MMI 上的防护措施，更新占线表。

2.1.6　调车作业流程

调车作业流程，见图 2.1-22。

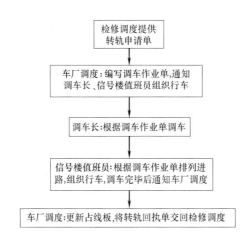

图 2.1-22　调车作业流程图

（1）车厂调度应根据转轨计划、车辆停放情况、线路、设备检修计划和现场作业情况，合理、科学、正确地编制调车作业计划，调车作业计划通过调车作业单下达实施（图 2.1-23）。

（2）编制计划前要通过线路占用板、车厂施工、检修登记簿

图 2.1-23　调车作业单

确认车厂施工作业、接触网停送电及线路出清情况。

（3）车厂调度应亲自向调车长下达调车作业计划并说明具体要求和注意事项；调车员接到计划后应亲自向司机传达。车厂调度将调车计划传达给信号楼值班员，信号楼值班员接受计划时应复诵核对（图 2.1-24）。

图 2.1-24　布置调车任务

（4）调车计划原则上以调车作业单的形式下达，有特殊原因时，不超过三钩或变更计划不超过三钩时，可用口头的方式布置，车厂调度必须确认所有参与调车作业的岗位均领会作业意图并复诵无误后，方可开始作业。布置、传达、变更调车作业计划时，必须停车，严禁在车辆运行中布置、复诵计划。

（5）如在夜间，车厂调度应在调车作业计划下达的同时，联系有关人员，要求其全部打开相应股道区域上方照明，方可进行作业。

（6）调车作业前，调车组人员必须按规定着装，穿戴好防护用品，并检查确认信号灯（信号旗）、对讲机工作状态良好（图2.1-25）。

（7）调车作业前，必须确认该作业不影响收发车作业、与施工计划不冲突、接触网状态正常、线路出清无侵限、人员精神状态良好、通信工具正常。

（8）信号楼值班员根据调车计划、现场作业情况和机车车辆停放股道正确后及时排列进路，确认光带、信号显示正确。

（9）信号楼值班员用无线通信系统通知司机调车进路及相关注意事项（图2.1-26）。

图2.1-25　调车人员备品

图2.1-26　信号楼值班员与司机联控

（10）信号楼值班员必须严格执行"一人作业、一人监控"，同时还应执行干一钩划一钩制度，调车完毕后及时修改《线路占用表》（图2.1-27）。

2.1.7　收发车作业流程

收发车作业流程，见图2.1-28。

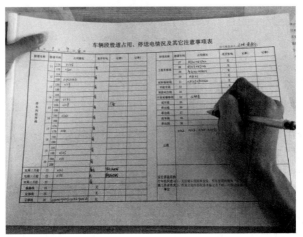

图 2.1-27　更新占线簿

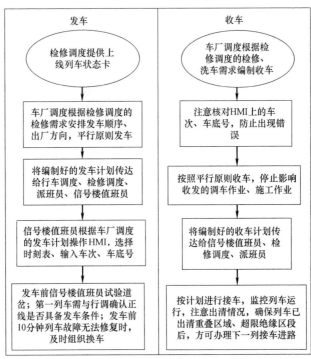

图 2.1-28　收发车作业流程图

1. 收车作业流程

（1）根据列车回厂计划，确定接车时间、回厂车次及车底号。

（2）车厂调度根据检修调度的车辆回厂需求正确合理编制收车计划（图2.1-29）。

（3）编制收车计划前，确认接车线路接触网供电正常、无影响接车作业的施工作业及接车股道和进路空闲。

（4）车厂调度收车计划编制完毕，检查无误后传达给信号楼值班员及行车调度、派班室，信号楼值班员核对收车计划（图2.1-30）。

图2.1-29　检修调度提交回厂计划

屯里车厂**收车**计划（*105#*时刻表）

2016年 *10* 月 *10* 日　　　　　厂调 *李四*　　　信号楼值班员 *赵六、周七*

序号	车次	车底号	计划回厂方向	实际回厂方向	计划接车股道	实际接车股道	计划到点	实际到点	入库内停安时间	洗车计划	备注
1	10317	0101	出I		11A		21:17	21:15	21:23		
2	10517	0102	出I		12A		21:25	21:23	21:33		
3	10717	0103	出I		13A		21:33	21:30	21:40		
4	10917	0104	出I		14A		21:41	21:38	21:48		
5	11117	0105	出I		15A		21:49	21:45	21:55		
6	10217	0106	出I		16A		21:57	21:55	22:05		
7	11317	0107	出I		17A		22:05	22:01	22:11		
8	**30202**	0108	入II		18A		**22:06**	22:07	22:13		
9	11517	0109	出I		19A		22:15	22:13	22:23		
10	30103	0110	出I		20A		22:28	22:25	22:35		
11											
12											
13											
14											
15											
16											
17											
18											

说明：1、计划全部执行完毕后，在最后一行划"／"；2、其他情况时，在备注栏注明。

图2.1-30　车厂收车计划

（5）确认接车股道和进路、接触网供电状况、无影响接车的施工作业。

（6）接车前 5min 停止影响接车进路的调车作业，接车前 10min 停止影响接车进路的施工作业。

（7）根据 ATS-HMI 和收车计划核对回厂列车车次、车底号（图 2.1-31）。

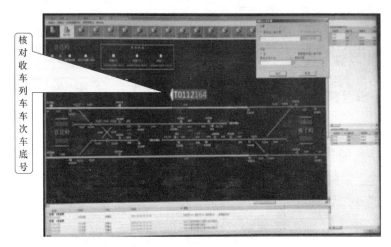

图 2.1-31　根据 ATS-HMI 核对车次、车底号

（8）确认列车回厂线路和接车进路。

（9）排列接车进路，确认光带、信号显示正确。

（10）列车接近时通知司机接车股道及注意事项。

（11）通过控制屏（台）监视信号、进路及列车运行情况。

（12）列车进入接车股道停妥后，填写《收车计划单》，并修改《线路占用表》。

（13）司机退勤时，确认钥匙齐全后电客车司机交予派班员并登记，并把《列车状态卡》交给派班员，列车有故障时及时反馈给车厂调度。

（14）车厂调度将列车状态卡交予检修调度，并把车辆故障情况反馈给检修调度（图 2.1-32）。

2. 发车作业流程

（1）车厂调度根据检修调度提供的运用车及检修需求正确合

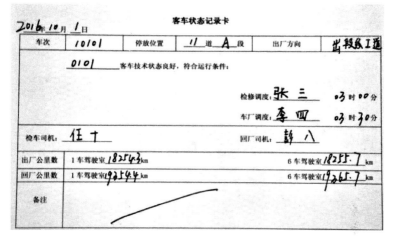

图 2.1-32 客车状态记录卡

理编制发车计划。

（2）根据列车《运营时刻表》及车辆停放情况合理安排发车顺序、股道，及时编制发车计划。

（3）检查无误后，将发车计划传达给信号楼值班员、派班室及行车调度，信号楼值班员接到发车计划后认真核对（图 2.1-33）。

（4）发车前，确认发车进路空闲、接触网供电正常，无影响发车的施工作业。

（5）发车前 5min 停止影响发车进路的调车作业。

（6）将列车状态卡、发车计划交给派班员，电客车司机在派班员处办理车辆钥匙及状态卡交接手续（图 2.1-34）。

（7）电客车司机检车时必须向信号楼值班员汇报。

（8）信号楼值班员需在发车前对发车计划中所有列车经过的道岔进行试验，第一列车出库前车厂调度需与行车调度确认正线是否具备发车条件。

（9）信号楼值班员核对发车股道和进路后，排列出厂列车发车进路。

（10）发车进路办理妥当，向司机布置发车进路。

屯里车厂发车计划（105#时刻表）

2016年 10 月 10 日　　厂调：李四　　信号楼值班员：赵六　周七

序号	车次	计划车底号	存车股道	实际车底号及股道	计划出厂线	计划整备时间	实际整备时间	计划整备完毕时间	实际整备完毕时间	计划出库点	实际动车点	出厂信号机停妥点	计划发车时间	实际发车时间	备注
1	10102	0101	11A		出I	4:42	4:40	5:12	5:10	5:17	5:12	5:17	5:27	5:22	
2	10302	0102	12A		出I	5:13	5:10	5:43	5:40	5:48	5:43	5:48	5:58	5:53	
3	30201	0103	13A		入II	5:05	5:00	5:35	5:30	5:40	5:35	5:40	6:05	6:00	
4	10502	0104	14A		出I	5:23	5:20	5:53	5:50	5:58	5:55	5:58	6:08	6:03	
5	10702	0105	15A		出I	5:33	5:30	6:03	6:00	6:08	6:03	6:08	6:18	6:13	
6	10902	0106	16A		出I	5:41	5:40	6:11	6:08	6:16	6:13	6:16	6:26	6:21	
7	11102	0107	17A		出I	5:49	5:45	6:19	6:15	6:24	6:20	6:24	6:34	6:29	
8	11302	0108	18A		出I	6:03	6:00	6:33	6:30	6:38	6:33	6:38	6:48	6:43	
9	11502	0109	19A		出I	6:12	6:10	6:42	6:40	6:47	6:42	6:47	6:57	6:52	
10	30102	0110	20A		出I	6:25	6:20	6:55	6:50	7:00	6:55	7:00	7:10	7:05	
11															
12															
13															
14															
15															
16															
17															
18															

说明：1、计划车底号/存车股道栏有修改时，划“=”线，在实际车底号及股道栏中重新注明；
2、计划全部执行完毕后，在最后一行及空白处划“/”；3、其他在备注栏注明。

图 2.1-33　车厂发车计划

客车状态记录卡

2016年 10 月 1 日

车次	10101	停放位置	11 道 A 段	出厂方向	出段线I道

0101 客车技术状态良好，符合运行条件：

检修调度：张三　03 时 00 分

车厂调度：李四　03 时 30 分

检车司机：＿＿＿＿　　回厂司机：＿＿＿＿

出厂公里数	1 车驾驶室＿＿＿km	6 车驾驶室＿＿＿km
回厂公里数	1 车驾驶室＿＿＿km	6 车驾驶室＿＿＿km
备注		

图 2.1-34　出库前列车状态卡

（11）通过控制屏（台）监视信号及进路表示。

（12）通过控制台确认列车整列出厂，填写发车计划单，修改线路占用表（图 2.1-35）。

图 2.1-35　更新占线板

2.2　检修调度作业标准

2.2.1　故障处理

为实现所有电客车故障的快速收集、排查、处理，满足每日正线供车需求，兑现每日"供足车、供好车、供够车"的检修理念，现对电客车故障处理流程进行梳理和归纳，具体故障通报流程如图 2.2-1 所示。

电客车故障处理流程及要求主要步骤如下：

（1）检修调度查看车厂调度交付当日所有上线电客车的客车状态记录卡（检查电客车上线运营公里数是否正确、车辆各项功能状态是否正常），同时查看司机安全事件报告单（了解故障发生时司机的操作流程以及当时电客车的故障现象）及车辆管理中心信息通报群等其他途径收集当日所有电客车的故障信息；

（2）将所有故障电客车的故障信息填写在作业任务书并派发到当值车辆检修班班长；

（3）作业负责人处理故障过程中，检修调度通过对讲机实时了解电客车故障处理情况，并根据故障处理实际情况判断是否需

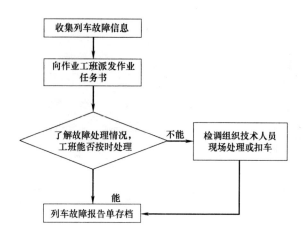

图 2.2-1　故障通报流程

通知专业技术人员到现场协助处理或扣车处理；

（4）若故障由于特殊原因（如暂无备件、需要架车等）导致故障无法及时处理，需扣车处理，检修调度应安排作业负责人填写电客车扣修申请单（表 2.2-1）；

电客车扣修申请单　　　　　　　　　　表 2.2-1

序号	车号/设备	扣修原因	扣修日期	计划完成日期	其他要求	备注
			年　月　日	年　月　日		
			年　月　日	年　月　日		
			年　月　日	年　月　日		
			年　月　日	年　月　日		
申请人：		部门： 电话：		时间	年　月　日	
申请人单位领导意见				时间	年　月　日	
审核单位领导意见				时间	年　月　日	

　　备注 1：此表一式两联；电客车：第一联交扣车申请部门；第二联交检修调度。
　　　　　　设备、设施：第一联交 DCC；第二联交设备检修调度；
　　备注 2："批准人"按属地管理原则进行签批。

（5）电客车故障处理完成后，检修调度要求作业负责人填写纸质版电客车故障报告单及电子板故障统计表，便于故障存档统计（表2.2-2）。

故障报告单　　　　　表2.2-2

流水号：

报告人		车号/设备		故障日期		故障时间	
部门				故障部件		故障代码	
发生故障时机： □　　　　正线 □　　　　出库 □　　　　入库 □＿＿修理□	故障描述：						
	调度/技术人员意见： 　　　请＿＿＿＿＿于＿日＿时＿分前处理完毕。 　　　　　　　　　　　调度：　　　　时间： 　　　　　　　　　技术人员：　　　　时间：						
故障处理记录	始终时间		结束时间		超时原因		
	施修人：						
备件耗材使用情况	故障部件	旧部件编号	新部件编号	是否供应商提供			
				是□否□			
				是□否□			
结论	故障已处理，同意销单。　技术人员：　　　　时间：						

注：本单一式二联，DCC及施修人各一联。

2.2.2　电客车转轨作业

电客车转轨作业是指有目的地将电客车从一条轨道调到另一条轨道的作业。日常车辆段内检修作业中，涉及到电客车转轨作业也是比较常见的，为提高电客车转轨效率，保障电客车转轨安全，规范电客车转轨作业流程及检修调度对电客车转轨前状态卡控，现对转轨作业流程进行梳理和归纳，具体电客车转轨流程如

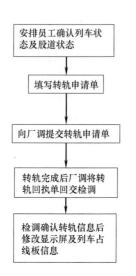

图 2.2-2 电客车转轨流程

图 2.2-2 所示。

电客车转轨作业流程主要步骤及要求如下：

（1）检修调度根据转轨计划安排作业负责人确认转轨前电客车状态正常（如：车底设备、转向架、阀门状态、放置铁鞋、电客车带电功能等）以及对应电客车股道状态（如：人员、材料、工器具出清），完成后将电客车状态反馈检修调度。

（2）作业负责人确认电客车状态合格后，将电客车状态（车底设备、转向架、阀门状态、放置铁鞋、电客车带电功能等）填写到电客车转轨申请单，如图 2.2-3 所示。

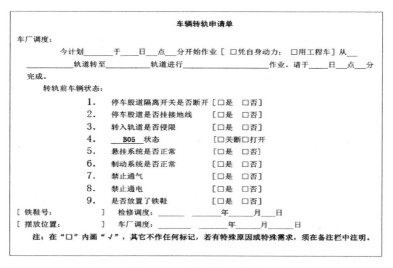

图 2.2-3 车辆转轨申请单

（3）检修调度复查车辆转轨申请单是否填写正确（如：电客车车体号、转轨股道、转轨方式、其他作业项目等），合格后检修调度签字确认，并将车辆转轨申请单交付车厂调度。

（4）电客车转轨到位后，车厂调度将车辆转轨申请单回执交检修调度，检修调度与车厂调度确认转轨后电客车股道及电客车状态（图2.2-4）。

车辆转轨申请单回执

检修调度：
    今_____车辆 已于_____日_____点_____分〔□凭自身动力；□用工程车〕从_____轨道转至_____轨道。
目前车辆状态：
    1. 列车受电弓状态   〔□升   □降〕
    2. 列车蓄电池状态   〔□开   □关〕
    3. 列车停车制动是否施加 〔□是   □否〕
    4. 列车 B05 状态   〔□关断   □打开〕
    5. 列车是否放置了铁鞋   〔□是   □否〕
〔铁鞋号：   〕 检修调度：_____ _____年_____月_____日
〔摆放位置： 〕 车厂调度：_____ _____年_____月_____日
    注：在"□"内画"√"，其它不作任何标识，若有特殊原因造成列车未能按时到位或列车状态未恢复至调车前状态，须在备注栏中注明

图 2.2-4　车辆转轨申请单回执

（5）检修调度更新车辆状态 LED 显示屏及电客车占线板车辆状态及股道信息，确保电客车当前停车股道正确显示。

2.2.3　作业负责人请/销点审批流程

为规范和统一车辆检修班员工、外单位请/销点流程，并为其提供请/销点指引，卡控各项作业安全，提高检修生产效率，保障电客车各类检修生产计划按时高效完成，梳理和归纳作业负责人请/销点及检修调度审批流程，具体作业请/销点流程如图2.2-5所示。

车辆检修班组人员请/销点及检修调度审批流程主要步骤如下：

（1）作业负责人接收到车辆检修任务后到车厂控制中心（DCC）请点，检修调度核实作业负责人是否具备请点资格，若符合则让作业负责人填写作业申请单（表2.2-3）。

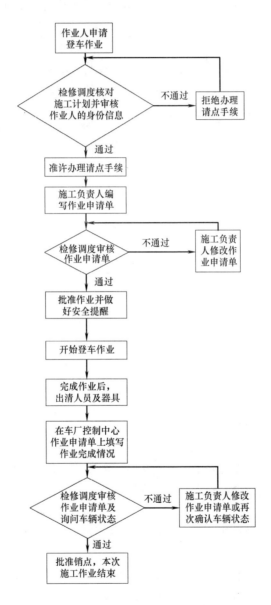

图 2.2-5 作业请/销点流程

流水号：

申请部门	定修二班	车号		作业人数		申请作业时间	___年___月___日 ___至___
		平台、股道					

申请作业描述：
　　　　车客室标识普查

　　　　　　　　作业负责人：_____ 电话：_____ 时间：_____

□地沟　□平台　□1500V　□110V　□列车无电

　　　　厂家作业人员：_____ 电话：_____ 时间：_____

调度意见：

　　　　　　　　　　　　　　　调　度：_____ 时间：_____

作业情况：

　　　　　　　　　　　　　作业负责人：_____ 时间：_____

调度结论：同意销点　　　　　　　　调　度：_____ 时间：_____

（2）检修调度核实作业申请单填写的内容是否规范、正确，作业任务是否符合相关规定要求，股道、接触网、车辆状态、物料和人员是否满足安全作业条件，若满足要求则批准作业申请。

（3）检修调度针对作业内容、作业条件和特点，将作业安全要点和注意事项告知作业负责人（登顶作业确认相应股道接触网断电、挂地线，按作业要求穿戴好劳保用品）。

（4）作业负责人向检修调度借用作业任务所需要的物品，如电客车钥匙、对讲机、禁止动车牌等，并填写物品借用记录表，检修调度检查物品借用记录表是否正确，若填写正确则将物品交付作业负责人（图 2.2-6）。

（5）在检修作业过程中，检修调度通过对讲机了解检修作业

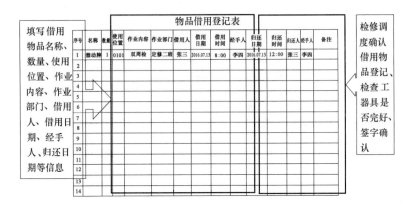

图 2.2-6 物品借用记录图

进度及完成情况，如作业过程中出现异常，按相应流程进行处理。

（6）检修作业完成后作业负责人到车厂控制中心申请销点，检修调度确认该项作业已完成，现场人员、物品和工器具已出清，并签字确认销点。

2.2.4 电客车保洁作业

为给乘客提供干净、舒适的乘车环境，塑造良好公司形象，车辆管理部门对上线运营的电客车进行清洁、杀菌。为保证电客车保洁作业能按时、有序完成，对电客车保洁作业进行梳理和归纳，洗车机洗车和人工洗车主要流程如下：

1. 洗车机洗车作业流程

洗车机是为了提高洗车的质量，高效快捷地将电客车车头、车尾、车体两侧及侧顶部表面的灰尘、油污和其他污垢清除，保证电客车外观的美观、整洁的一种设备。因此，必须制定一套洗车机洗车作业流程，规范相关人员的操作，确保作业安全有序地进行。电客车洗车机洗车作业流程如图 2.2-7 所示。

洗车机洗车作业流程及要求如下：

（1）检修调度根据电客车洗车作业计划，安排作业负责人确

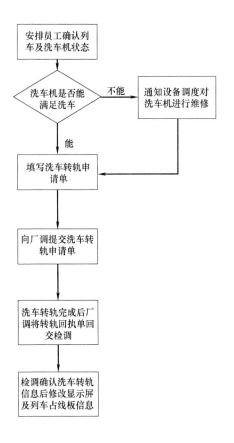

图 2.2-7　电客车洗车机洗车作业流程

认电客车洗车前电客车状态是否正常（如：车底设备、转向架、阀门状态、是否放置铁鞋、电客车带电功能等）以及对应电客车股道已出清作业现场（如：作业人员、工器具、材料已出清），并确认洗车机状态良好（如：洗车机、信号机功能是否正常），并将洗车机状态反馈检修调度；

（2）检修调度接收到作业负责人反馈洗车机功能信息正常后，车辆转轨申请单中的其他作业项目填写"电客车洗车"，并让作业负责人确认填写正确无误后签字；

（3）检修调度检查车辆转轨申请单是否填写正确（如：电客车车体号、转轨股道、转轨方式等信息），确认无误后检修调度将车辆转轨申请单交付车厂调度；

（4）电客车洗车作业完毕回库停稳后，车厂调度将车辆转轨申请单回执交付检修调度，检修调度与车厂调度确认电客车停稳股道及电客车状态信息，并在车辆转轨申请单回执单盖上检修调度专用章及结束时间；

（5）检修调度更改车辆状态 LED 显示屏及电客车占线板，保证电客车当前停车股道正确显示。

2. 人工洗车流程及要求

人工洗车是由保洁人员在特定的洗车股道上对电客车车体两侧进行清洁工作，主要目的是针对一些较难清除的顽固油污、污垢进行人工清洁，保证电客车外表的整洁美观。因此，必须制定一套人工洗车作业流程，规范相关人员的操作，确保作业安全有序地进行。人工洗车主要流程如图 2.2-8 所示。

（1）检修调度根据人工洗车作业计划，在前一天晚上电客车收车回库时安排电客车停放在相应洗车线。

（2）检修调度通知作业负责人洗车线接触网断电、挂地线。

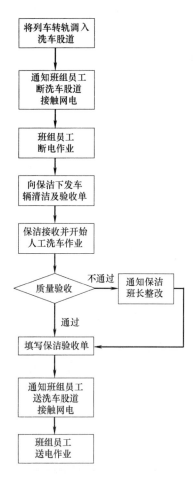

图 2.2-8　人工洗车作业流程

（3）作业负责人根据检修调度指令，到车厂控制中心处填写接触网断电申请单。

（4）作业负责人断电后，回到车厂控制中心向检修调度反馈洗车线接触网断电作业已完成。

（5）检修调度填写车辆清洁通知及验收单（表 2.2-4），并派发给保洁作业负责人。

车辆清洁通知及验收单　　　表 2.2-4

清洁范围		列车号		
日清洁				
双周清洁				
三月检清洁				
年检清洁				
定修清洁				
消洁				
下单人		接单人		
作业时间	年　月　日	至　年　月　日		
	验收不合格内容	是否返工处理		
车辆地板		是（　）	否（　）	
车窗玻璃		是（　）	否（　）	
扶手立柱		是（　）	否（　）	
客室座椅		是（　）	否（　）	
车体墙壁		是（　）	否（　）	
空调风口		是（　）	否（　）	
其他内容		是（　）	否（　）	
备注				
作业时间	＿＿＿年＿＿月＿＿日	＿＿＿年＿＿月＿＿日		
验收	满意	一般	不满意	工班长：	保洁班长：	时间：

（6）保洁负责人在检修调度处接收车辆清洁通知及验收单，

并安排保洁进行人工洗车作业。

（7）保洁人员作业完成后通知检修调度作业已完成，检修调度与作业负责人对人工洗车作业质量进行验收。

（8）若验收过程中发现问题，则通知保洁人员现场进行整改，整改完成后填写保洁验收单并对作业质量给予评价（一般、满意、不满意），作业负责人及保洁负责人签名确认。

2.2.5　运营供车

为实现检修调度岗位每日供足车，将检修完成的上线需求列车交付，是每一个检修调度的工作职责，为了保障交车工作的严谨，现对供车流程进行梳理和归纳，具体如图 2.2-9 所示。

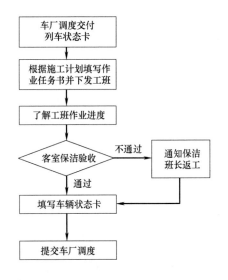

图 2.2-9　运营供车流程

运营供车流程及要求主要如下：

（1）当上线电客车收车回库停稳后，电客车司机将当日电客车状态记录卡交付派班室（表 2.2-5），由派班员送至车厂调度处，车厂调度审查无误后将电客车状态记录卡交付检修调度，完成电客车转入检修交接手续。

客车状态记录卡　　　　　表 2.2-5

　　年　　月　　日

车次	停放位置	道段	出厂方向	

　　　　　　　客车技术状态良好，符合运行条件：

	检修调度：	时　　分
	车厂调度：	时　　分

检车司机：		回厂司机：	
发车：1 车驾驶室＿＿＿ km		6 车驾驶室＿＿＿ km	
收车：1 车驾驶室＿＿＿ km		6 车驾驶室＿＿＿ km	
备注			

　　（2）检修调度查看电客车状态记录卡、车辆管理部门施工作业通告及其他各个管理部门作业计划后，结合以上情况填写作业任务书并派发作业负责人（表 2.2-6）。

作业任务书　　　　　表 2.2-6

作业单位	下发日期	下发时间	计划完成时间	检修调度	
	工作内容		完成情况	确认人	
负责人		任务接收时间		完成时间	

（3）作业负责人在检修作业过程中，检修调度通过对讲机实时了解作业负责人检修作业进度以及电客车故障处理情况。

（4）当日检修作业任务完成后，作业负责人将作业任务书交付检修调度，检修调度根据当日车辆管理部门施工作业通告及各个管理部门本周作业计划，调整当日上线运营电客车、备用电客车并填写电客车状态记录卡交付车厂调度，完成电客车转入上线运营交接手续。

2.2.6 停车场单股道接触网断电作业审批

车场内接触网单股道断送电是一项安全风险很高的作业，如果没有严格的操作流程及要求，会增加作业的风险，员工的生命健康会受到伤害，因此为保障库内单股道隔离开关的分合闸作业安全，实现严谨的作业手法，特制定以下断电操作流程（图2.2-10）。

电客车停车场单股道接触网断电作业审批流程主要如下：

（1）具有操作接触网隔离开关断电作业资质的作业负责人，根据检修作业计划到检修调度办理电客车停车场单股道接触网隔离开关断电作业手续。

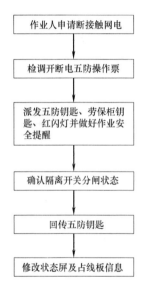

图 2.2-10　断电作业审批流程

（2）检修调度审核检修作业计划以及作业负责人身份信息、资质正确、合格后，操作五防锁电脑传送单股道接触网分闸作业内容到五防锁钥匙，打印电客车单股道接触网《隔离开关操作票》，如表2.2-7所示。

（3）检修调度确认五防锁钥匙操作票信息正确，并在电客车单股道接触网《隔离开关操作票》中填写发令部门、发令人及发令时间，确认操作票填写正确规范、合格，以及做好断电作业安

隔离开关（分闸）操作票　　　　表 2.2-7

流水号：

发令部门			发令人					
厂调								
受令人			发令时间	年	月	日	时	分
操作人			监护人					
开始时间	年　月　日　时　分		结束时间	年	月	日	时	分
操作任务	_____道隔离开关合闸							
条件	对应股道列车降弓，列车断激活，无打雷天气							
劳保用品	反光衣，安全帽，绝缘手套，绝缘鞋，红闪灯（绝缘鞋和手套使用前必须检查）							
注意事项	（1）操作时手柄动作匀速一次到位，禁止停顿或冲击，下雨天操作时双脚并拢							
	（2）开关锁匙、操作隔离开关、验电、挂接地线、开检修平台锁均应由一人操作，一人监护；严格执行唱票制度，手指口呼							
	（3）作业或光线比较暗时必须用强光灯对隔离开关状态进行检查							
	（4）手套、绝缘鞋、验电器、接地棒在使用前必须进行外观检查且需确认在有效期内并做简单气密性试验，验电棒声光报警器是否正常							
	（5）_____道对应_____隔离开关							
顺序	操作项目							
作业前确认	借用__道隔离开关钥匙							
	确认合闸股道为__道							
	确认合闸股道停放列车已降弓、列车断激活							
1	确认__道作业人员物品已出清							
2	拆除__道接地棒（先拆接触网端），撤除红闪灯，打开__道接地线锁，拆除__道接地线，锁上__道接地线锁							
3	打开_____号接地棒锁，锁上_____号接地棒							
4	向检修调度报告，确认____道接地线、无电牌已拆除____检修调度							
5	打开__道验电线锁，装设__道接地端验电线，锁上__道验电线锁，验明__道接触网无电							
6	打开_____接地棒锁，取出接地棒，锁上接地棒锁							
7	打开____道接地线锁，装调____道接地端接地线，锁上道接地线锁，挂____道接地棒，装设____道红闪灯							
8	拆除____道接触网验电棒，打开____道验电线锁，拆除验电线，锁上____道验电线锁							
9	打开____号验电棒锁，锁上_____号验电棒							
作业完成确认	出清现场遗留物品，将反光衣、安全帽、绝缘手套、绝缘鞋放回劳保柜锁好；各类钥匙及操作票归还 DCC							
备注	每做完一步，在相应的方框写上操作的时间节点（例如 09：10）							

全提醒后，将操作票、五防锁钥匙、劳保柜钥匙、红闪灯派发给作业申请人，五防锁钥匙如图 2.2-11 所示。

（4）检修调度收到隔离开关已分闸信息后，到电客车单股道接触网隔离开关断电作业现场确认隔离开关已在分闸位，接地开关已合上，并取出五防锁如图 2.2-12 所示，确认五防锁芯片已分闸。

图 2.2-11　五防锁钥匙　　　　图 2.2-12　五防锁

（5）电客车单股道接触网断电作业结束，作业负责人将隔离开关操作票、五防锁钥匙、劳保柜钥匙交付检修调度，检修调度将五防锁钥匙以及隔离开关操作票检查确认合格，操作五防锁电脑回传单股道接触网断电作业信息至五防系统内，并将电客车单股道接触网《隔离开关操作票》检查填写合格归档存放（图 2.2-13）。

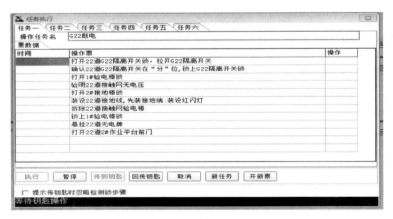

图 2.2-13　五防锁电脑回传

（6）五防锁电脑回传单股道接触网断电作业信息成功，检修调度根据断电作业单股道接触网状态更改车辆显示屏及电客车占线板信息，保证单股道接触网断电状态正确显示。

2.2.7 停车场单股道接触网送电作业审批

车场内接触网单股道断送电是一项安全风险很高的作业，如果没有严格的操作流程及要求，就会增加作业的风险，员工的生命健康会受到伤害，因此为保障库内单股道隔离开关的分合闸作业安全，实现严谨的作业手法，特制定以下送电操作流程（图2.2-14）。

电客车停车场单股道接触网送电作业审批作业流程及要求主要如下：

（1）具有操作接触网隔离开关合闸作业资质的作业负责人，根据检修作业计划到检修调度办理电客车单股道接触网隔离开关合闸作业手续。

（2）检修调度审核检修作业计划及作业负责人身份信息、资质正确合格后，操作五防锁电脑传送单股道接触网合闸作业内容到五防锁钥匙，并打印电客车单股道接触网《隔离开关操作票》，如表 2.2-8所示。

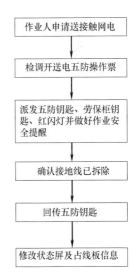

图 2.2-14　接触网送电作业审批流程

（3）确认五防锁钥匙操作票正确，并在电客车单股道接触网《隔离开关操作票》中填写发令部门、发令人及发令时间，确认操作票填写正确规范、合格，以及做好合闸作业安全提醒后将操作票、五防锁钥匙、劳保柜钥匙派发给作业申请人，如图2.2-11所示。

隔离开关（合闸）操作票 表 2.2-8

流水号：

发令 部门		发令人					
厂调							
受令人		发令时间	年	月	日	时	分
操作人		监护人					
开始 时间	年 月 日 时 分	结束 时间	年	月	日	时	分
操作 任务	_____道隔离开关合闸						
条件	对应股道列车降弓，列车断激活，无打雷天气						
劳保 用品	反光衣，安全帽，绝缘手套，绝缘鞋，红闪灯(绝缘鞋和手套使 用前必须检查)						
注意 事项	(1)操作时手柄动作匀速一次到位，禁止停顿或冲击，下雨天操作时双脚 并拢						
	(2)开关锁匙、操作隔离开关、验电、挂接地线、开检修平台锁均应由一人 操作，一人监护；严格执行唱票制度、手指口呼						
	(3)作业或光线比较暗时必须用强光灯对隔离开关状态进行检查						
	(4)手套、绝缘鞋、验电器、接地棒在使用前必须进行外观检查且需确认 在有效期内并做简单气密性试验，验电棒声光报警器是否正常						
	(5)____道对应____隔离开关						
顺序	操作项目						
作业前 确认	借用__道隔离开关钥匙						
	确认合闸股道为__道						
	确认合闸股道停放列车已降弓、列车断激活						
1	确认__道作业人员物品已出清						
2	打开_____平台前门锁，取下禁止合闸牌，锁上____道____ 号作业平台前门						
3	拆除__道接地棒(先拆除接触网端)，撤除红闪灯，打开____ 道接地线锁，拆除____道接地线，锁上____道接地线锁						
4	打开_____号接地棒锁，锁上_____号接地棒						
5	打开____道"无电"牌锁，取下____"无电"牌，锁上"无 电"牌锁						
6	向检修调度报告，确认____道接地线、无电牌已拆除____检 修调度						
7	打开____道隔离开关锁，取下禁止合闸牌，合上____道 隔离开关，手动操作一次到位动作应匀速、果断						
8	确认____道____隔离开关在"合"位，锁上____道____隔离开 关锁，并试拉确认已锁好；确认本次任务已完成						
作业 完确认	出清现场遗留物品，将反光衣、安全帽、绝缘手套、绝缘鞋放 回劳保柜锁好；各类钥匙及操作票归还 DCC						
备注	每做完一步，在相应的方框写上操作的时间节点(例如 09：10)						

（4）单股道接触网接地线撤除，通知检修调度到达单股道接触网作业现场确认接地线已拆除，合闸作业股道无负载，检修调度取出五防锁确认五防锁已合闸位，继续下一步（图2.2-12）。

（5）电客车停车场单股道接触网合闸作业结束，作业负责人将隔离开关操作票、五防锁钥匙、劳保柜钥匙交付检修调度。检修调度将五防锁钥匙以及隔离开关操作票检查确认是否合格，操作五防锁电脑回传单股道接触网合闸作业信息至五防系统内，并将电客车单股道接触网《隔离开关操作票》检查填写合格存放（图2.2-13）。

（6）防锁电脑回传单股道接触网合闸作业信息成功，检修调度根据合闸作业单股道接触网状态更改车辆显示屏及电客车占线板信息，保证单股道接触网合闸状态正确显示。

2.2.8 静调电源柜断/送电作业审批

电客车年检、空调故障处理、新车调试作业及静调电源柜验收等作业需要接触网停电，静调电源柜向电客车供电（DC1500V）。为保障静调电源柜的操作安全，特制定如图2.2-15静调电源柜断送电审批流程。

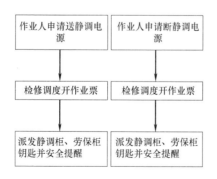

图2.2-15 静调电源柜断送电审批流程

静调电源柜断/送电审批流程及要求如下：

（1）作业负责人根据检修作业计划到检修调度处办理静调电

源柜送电手续。检修调度审核检修作业计划以及作业负责人身份信息及资质正确合格后，并打印《静调电源柜断送电申请单》。

（2）检修调度填写《静调电源柜断送电申请单》"发令部门"、"发令人"、"发令时间"等信息，检查操作步骤确认静调电源柜断送电申请单填写规范、正确，以及讲解静调电源柜断送电作业安全提醒，将静调电源柜钥匙、劳保柜钥匙等物品派发给作业负责人（表2.2-9）。

静调电源柜断送电申请单   表 2.2-9

发令部门		发令人		发令时间			
断送电列车号			断送电静调电源柜号				
开始时间	年 月 日 时 分		结束时间	年	月 日	时	分
顺序	作业内容				签名		时间
1	操作人到 DCC 办理相关手续,领取电子钥匙和操作票						
2	分断相应列车激活开关						
3	转换闸刀开关处于车间供电模式						
4	打开静调电源柜电子插头电子锁,将高压电缆连接到相应的车间供电插座上,确认其安装正确、牢靠						
5	合上相应列车开关激活列车						
6	找开静调电源柜钥匙,按下启动按钮						
7	确认送电正常,红色报警灯闪亮						
8	交回操作票及电子锁,向 DCC 报告送电情况						
9	需断电时,操作人员到 DCC 办理相关手续,领取电子钥匙和操作票						
10	确认列车所有负载已关闭						
11	按下静调柜停止按钮,确认红色报警灯熄灭,拿走静调电源柜钥匙						
12	分断相应列车激活开关						
13	转换闸刀开关处于正常供电模式						

顺序	作业内容	签名	时间
14	将高压电缆从车间供电插座取下,将车间供电插座盖恢复盖好		
15	打开静调电源柜电子插头电子锁		
16	将高压电缆恢复到静调柜电子锁上,确认牢靠		
17	交回操作票及钥匙,向DCC报告断电情况		

3 设备检修标准作业流程

3.1 电客车检修作业流程

3.1.1 作业前准备工作

作业前准备流程旨在规范地铁电客车检修班组的作业前准备工作，其中包括日检、双周检、三月检、年检等电客车检修作业，同时也包含故障处理、技术整改、正线驻站、断送电作业等，该流程是保证班组作业质量、提高作业效率、保障作业安全的关键指导性文件，该章节是结合现场作业实际情况进行的编制和优化。

1. 日检作业准备工作

日检是对当天参与运营回库的电客车及次日上线运营的电客车所进行的检修维护，是最初级的检查。其主要目的是对电客车走行部分的转向架、轮对、齿轮箱、牵引电机等进行检查，客室内装部分的照明、标识、地板布、座椅等的状态进行检查，除有电功能检查外，其余多以目测为主。日检作业准备流程作用是规范班组日检作业前准备工作，以提高日检作业质量和效率以及保证作业安全为主要目的，作业前准备包括作业前工作分配、作业前安全提醒、作业前物料准备等，日检作业前准备流程如图3.1-1所示。

日检作业前准备流程及要求如下：

（1）日检作业前检修调度明确当天需要进行日检的电客车车号，将车号信息和作业班组填写在作业任务书上，最后将作业任务书下发至班组，作业班组成员需具备电客车检修的上岗资质，熟练电客车日检作业工艺和电客车部件的检查要求；

（2）班组负责人领取作业任务书后组织召开班前会，向班组员工分配当日日检的作业任务，如需要进行日检的车号、列车停放股道、作业人员的安排等信息，同时对作业安全要点进行重点提醒；

（3）作业人员需做好必要的安全防护措施，按要求穿戴安全帽、劳保鞋等防护用品，电客车两端挂好"禁止动车"的警示标语；

（4）为了提高日检作业的质量，日检作业的辅助工具如手电筒、反光镜等需随身携带备用，如光线不足可用手电筒进行弥补，当遇到盲区无法检查时可使用反光镜作为辅助进行检查；

（5）开始执行日检作业。

2. 双周检作业准备工作

双周检是对运营时间达到两周后的电客车所进行的检修维护，双周检分为奇数次双周检和偶数次双周检，奇数次双周检主要是对电客车受电弓、空调、牵引电机及其他电气箱外观等进行检查，偶数次双周检则是在奇数次的基础上增加小范围的检查内容。为了保证作业质量和作业安全，其作业准备需足够充分，双周检作业准备流程内容包括人员安排，物料准备，安全提醒等，缺一不可，具体流程如图 3.1-2 所示。

双周检作业前准备流程及要求如下：

（1）检修调度提前制定生产计划，班组根据生产计划明确当日计划进行双周检的车号及双周检频次（偶数次或奇数次），如

图 3.1-1　日检作业前准备流程

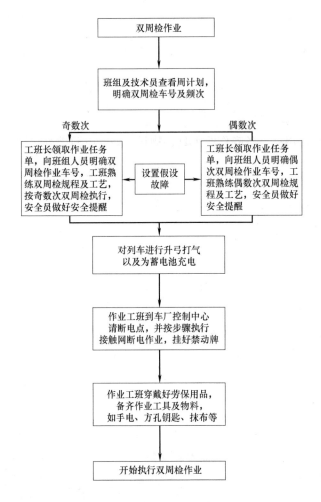

图 3.1-2 双周检作业前准备流程

为奇数次双周检则按奇数双周检要求进行，偶数次双周检亦然；

（2）班组负责人向检修调度领取作业任务书后向班组成员分配作业任务，电客车两端挂好"禁止动车"警示标语。由于双周检持续断电时间较长，为了防止蓄电池亏电和空压机风压不足，断电前需给电客车蓄电池充电及空压机打风；

（3）作业前工班到检修调度请点断电；

（4）作业人员按照接触网断电流程进行接触网断电，确认安全后开始按双周检规程及工艺执行；

（5）工班成员需熟练掌握双周检作业规程及工艺，熟悉电客车各部件的检查要求；

（6）班组安全员向班组员工强调安全注意要点，作业人员需穿戴好劳保用品，备齐作业工具、物料，如手电筒、方孔锁、抹布等；

（7）开始执行双周检作业。

3. 三月检作业准备工作

三月检是电客车计划修的重要修程，是保障电客车安全运行的重要环节，其作业范围较广，涉及的内容较多，作业前需做好充分准备方可作业，如工艺学习、安全注意要点学习、物料的准备及人员的安排都需合理有效，所以作业前准备工作，需能保证三月检高效高质高安全性的完成，具体流程如图3.1-3所示。

三月检作业前准备流程及要求如下：

（1）班组在前一周查阅下周作业计划，明确当日计划进行三月检的车号及

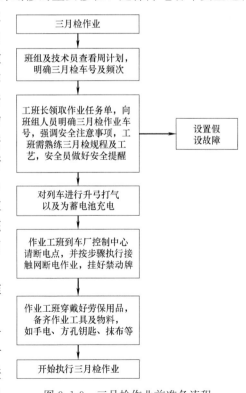

图 3.1-3　三月检作业前准备流程

频次；

（2）工班成员需熟练掌握三月检作业规程及工艺，熟悉电客车各部件的检查要求；

（3）断电前为电客车蓄电池充电及空压机打风，工班按照流程进行接触网断电，确认安全后开始按三月检规程及工艺执行；

（4）作业前工班到车厂控制中心（DCC）请点断电，按步骤执行接触网断电作业，电客车挂好禁动牌；

（5）班组安全员向班组员工强调安全注意要点，作业人员需穿戴好劳保用品，备齐作业工具、物料等；

（6）作业开始前假设故障设置人需提前设置假设故障；

（7）开始执行三月检作业。

4. 年检作业准备工作

年检作业是较三月检以上更大的修程，其作业内容和作业范围极大，作业准备考虑因素较多，年检作业前准备工作包括检修调度制定年检计划、班组年检工艺学习、作业前工作安排、作业前安全提醒、工器具及物料准备，具体流程如图 3.1-4 所示。

年检作业前准备流程及要求如下：

（1）班组在前一周查阅下周作业计划，明确当日计划年检的车号；

（2）工班成员需熟练掌握年检作业规程及工艺，熟悉电客车各部件的检查要求；

（3）作业前工班到车厂控制中心（DCC）请点断电，按步骤执行接触网断电作业，电客车挂好禁动牌；

（4）工班长向班组员工强调安全注意要点，作业人员需穿戴好劳保用品，备齐作业工具、物料等；

（5）断电前为电客车蓄电池充电及空压机打风，工班按照流程进行接触网断电，确认安全后开始按年检规程及工艺执行；

（6）作业开始前假设故障设置人需提前设置假设故障；

（7）开始执行年检作业。

5. 正线驻站作业准备工作

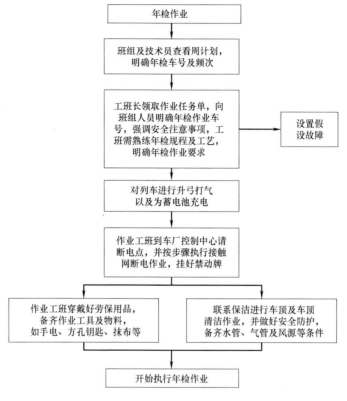

图 3.1-4　年检作业前准备流程

正线驻站目的是为保证电客车在正线运行时如发生异常情况可及时有效的跟进和处理，驻站人员需全天在指定车站驻守，驻站人员和驻站地点需提前确定，驻站时需填写相应记录表，反馈当天驻站情况，同时需要配备相应的作业工具、通信工具等，具体流程如图 3.1-5 所示。

正线驻站作业前准备流程及要求如下：

（1）班组提前一天了解检修调度安排的正线驻站计划；

（2）工班长需向班组人员明确正线驻站工作要点和注意事项，并按要求做好相应记录；

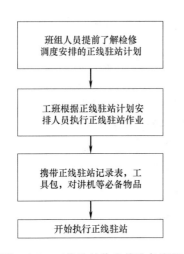

图 3.1-5　正线驻站作业前准备流程

程及要求如下：

（3）驻站人员携带巡查记录表、对讲机、工具包等。

6. 故障处理作业准备工作

故障处理是检修作业的重要组成部分，由于故障种类的多样性和不确定性，故障处理的准备工作则相对复杂。为了能使故障得到快速准确的处理，作业前准备工作尤为重要，具体流程如图3.1-6 所示。

故障处理作业前准备流

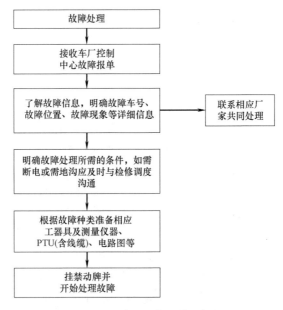

图 3.1-6　故障处理作业前准备流程

（1）工班接收检修调度故障报单后详细浏览故障报单具体故障信息，如存在疑问及时与调度进行沟通，详细了解故障具体车号、故障现象、发生时间等信息；

（2）明确处理该故障需要的条件，如是否需要地沟、是否需要断电、是否需要平台等，如有需要则及时与检修调度沟通协调；

（3）联系厂家共同进行处理，穿戴必要的劳保用品，考虑处理该故障需要的工具、备件、物料等，应及时备齐；

（4）如需请点则请点后挂好禁动牌后开始处理故障。

7. 技术通知单整改作业准备工作

技术通知单整改作业是日常检修作业的重要组成部分，通过整改对车辆的某些缺陷进行优化，整改作业需按照技术通知单要求执行，做好作业前准备工作，即需熟悉了解技术通知单的工作内容和注意事项，按照要求做好作业前准备工作，流程图如图 3.1-7 所示。

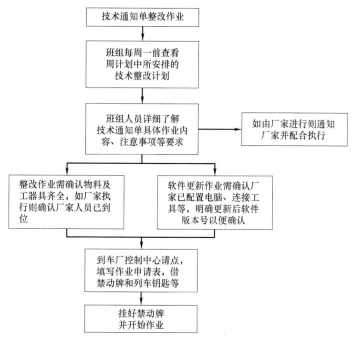

图 3.1-7　技术整改作业前准备流程

技术整改作业前准备流程及要求如下：

（1）班组提前一周了解本周作业计划，明确技术整改（软件更新）内容及具体车号，明确作业条件；

（2）班组成员熟练掌握技术通知单的整改内容，将整改作业需要的工器具、物料、备品备件准备齐全，班组需了解技术通知单要求的注意事项；

（3）工班长向班组员工强调安全注意事项，作业人员穿戴好劳保用品；

（4）挂好禁动牌进行作业。

8. 断送电作业前准备工作

断送电作业是涉及人身安全的关键作业内容，因为其具有一定的特殊性和危险性，作业前的准备工作就显得尤为重要。断送电作业前需首先确认断电股道，检修调度需提前确认操作人员具备操作隔离开关的资质，操作人员向检修调度申请操作票，操作前班长或安全员需现场监护，操作人员穿戴好防护用品后方可操作，具体操作流程如图 3.1-8 所示。

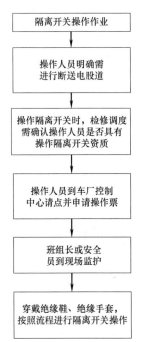

图 3.1-8 隔离开关操作作业前准备流程

隔离开关操作作业前准备流程及要求如下：

（1）作业人员确认断电股道，并到车厂控制中心（DCC）请点并申请操作票；

（2）检修调度需确认操作人员是否具有操作隔离开关资质；

（3）隔离开关操作需班长或安全员以上人员进行现场监护；

（4）操作人员穿戴绝缘鞋、绝缘手套，按照流程进行隔离开关操作。

3.1.2 作业负责人请/销点流程

请点指在施工前，作业负责人向检修调度申请开始施工，检修调度批准后才能施工的程序。销点指在施工结束，设备检查正常，施工现场人员和工器具清场完毕后向检修调度报告施工结束，申请结束施工状态的程序。请/销点是检修调度卡控现场施工作业安全，保证各项施工作业高效、有序开展的重要手段，为了规范和统一车辆检修班组和外单位施工作业的请/销点流程，并为其提供请/销点指引，对请/销点流程进行梳理和归纳，作业请销点流程如图3.1-9所示。

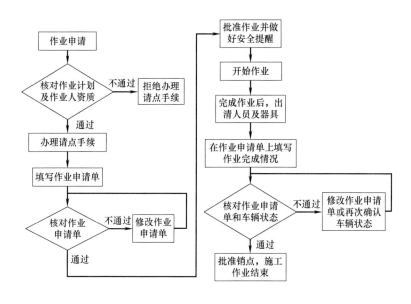

图 3.1-9　班组作业申请流程

作业请/销点流程及要求主要步骤如下：

（1）作业负责人接收到任务后到检修调度室请点，检修调度核实请点人是否具备请点资格（接受过作业负责人培训、考试合格、分管安全和技术相关部门备案），若具备请销点资质则让作业负责人填写作业申请单（表3.1-1）；

作业申请单　　　　　　　表 3.1-1

流水号：

申请 部门	定修二班	车号	0107	作业 人数	7	申请 作业 时间	20 16 年07 月15 日 08：00 至12：00
		平台、股道	L-23				

申请作业描述：　　　　01071
　　　　　车客室标识普查

　　　　　　　　作业负责人：　张三　电话:139×××××××时间：　08：00
□地沟　□平台　□1500V　□110V　☑列车无电
　　　　　　　　厂家作业人员：　李四　电话:139×××××××时间：　08：00

调度意见：
同意请点，安全自行防护，如登平台作业需确认相应股道接触网已挂好接地线。

　　　　　　　　　　　　　　　调　　度：　王五　时间：　08：00

作业情况：　　　作业完成，人员、工器具已出清。

　　　　　　　　　　　作业负责人：　张三　时间：　12：00

调度结论:同意销点　　　　　　调　　度：　王五　时间：　12：00

　　（2）检修调度核实作业申请单内容填写是否规范，作业是否符合相关规定要求，股道、接触网、车辆状态、物料和人员是否满足作业条件，若满足要求则批准作业；

　　（3）检修调度针对作业内容、作业条件和特点，将作业安全要点和注意事项告知作业负责人；

　　（4）作业负责人向检修调度借用作业所需要的司控器钥匙、对讲机、禁动牌等物品，并填写物品借用记录表（图 3.1-10）；

　　（5）作业过程中，检修调度使用对讲机呼叫作业负责人，了解作业进度和作业情况，如发现作业异常，作业负责人要及时汇报检修调度和专业技术人员；

　　（6）作业完成后，作业负责人根据技术通知单、工艺卡等文

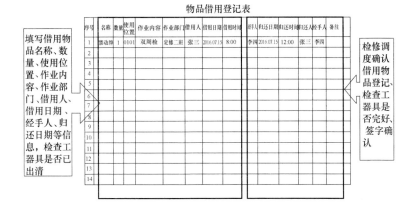

图 3.1-10　物品借用记录表填写

件技术要求，检查和确认电客车状态无异常、作业现场已恢复，作业负责人清点人数、工器具和相关物品，确认人员、工器具和物品均已出清；

（7）作业负责人到车厂控制中心（DCC）销点，在作业申请单上填写作业完成情况及人员、工器具和物品均已出清情况，检修调度核实作业完成情况，并签名确认。

3.1.3　驻站人员作业流程

为了规范驻站人员的驻站和正线巡车的工作流程，明确正线巡车的检查内容和检查间隔，确保正线运行过程发生的故障可以及时发现、响应和处理，对驻站流程进行梳理和归纳，驻站人员的工作流程图如图 3.1-11 所示。

驻站工作流程及要求主要如下：

（1）驻站人员到检修调度处领取跟车工具包，并清点工具包内物品种类及数量是否正确，详见表 3.1-2；

（2）如果是上行始发站驻站人员，则跟第一班车出库，如果是上行终点站驻站人员，则跟最后一班车出库，去往驻站点，并沿途巡查电客车状态；

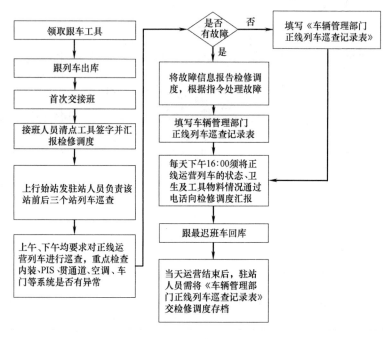

图 3.1-11 驻站工作流程

工具包物品 表 3.1-2

序号	工具名称	数量	属性
1	小一字批	1 支	工具
2	小十字批	1 支	工具
3	手电筒＋充电器	1 把	工具
4	尖嘴钳	1 把	工具
5	万用表	1 个	工具
6	剪线钳	1 把	工具
7	2m 卷尺	1 把	工具
8	电台	1 个	工具
9	78＋方孔＋端墙屏蔽门钥匙	1 套	工具
10	铅封＋铅封线	不少于 10 组	材料

序号	工具名称	数量	属性
11	电工胶布	1 卷	材料
12	扎带	大中小型号不少于 10 条	材料
13	透明胶布	1 卷	材料
14	电路图	线路每车型各 1 本	资料
15	跟车工具包及驻站点应急工具箱清单	1 份	资料
16	登乘证	1 张	资料

（3）早班接班站点一般在离车辆段较近的车站进行交接班，便于接班人员接班人在接班前需要清点跟车工具包内物品种类及数量是否正确，并签字确认汇报检修调度；

（4）驻站人员负责驻站点前后三个车站间电客车状态的巡查，上午和下午均要求完成一次上线运营电客车巡查，重点巡查内装、PIS、贯通道、空调、车门和转向架等系统的状态，如有异常及时汇报检修调度，并填写《正线列车巡查记录表》，主要包括电客车编号、巡查时间、巡查结果和巡查人等信息（表3.1-3）；

正线列车巡查记录表 表 3. 1-3

日期：　　年　　月　　日　　　　　班次：　　跟车人员：

序号	列车号	巡视时间	巡视结果	备注
		时　分 至　时　分		
		时　分 至　时　分		
		时　分 至　时　分		
		时　分 至　时　分		
		时　分 至　时　分		
		时　分 至　时　分		
		时　分 至　时　分		
		时　分 至　时　分		
		时　分 至　时　分		

续表

序号	列车号	巡视时间		巡视结果	备注
		时　分　至　时　分			
		时　分　至　时　分			
		时　分　至　时　分			
		时　分　至　时　分			
		时　分　至　时　分			
		时　分　至　时　分			
		时　分　至　时　分			
		时　分　至　时　分			
		时　分　至　时　分			
		时　分　至　时　分			
		时　分　至　时　分			
		时　分　至　时　分			
备注：					

（5）如果电客车在正线发生故障，驻站人员收到检修调度通知后，需要尽快登乘故障电客车，并将故障时间、电客车编号、驾驶端、地点（车站名称及上行或下行）、部件、部件位置、HMI 故障信息、DMI 故障信息等故障现象报告给检修调度，便于电客车回库后故障分析和处理，及后续故障排查；

（6）每天下午 16：00 前，将本日的电客车状态、卫生情况和跟车工具包种类，通过电话或对讲机汇报给检修调度，当天运营结束后将《正线列车巡查记录表》交到车厂控制中心（DCC）存档。

3.1.4　DC1500V 隔离开关分/合闸操作流程

手动隔离开关是联络接触网系统与变电所供电系统的主要停送电控制设备，其主要功能有：

（1）对被检修的接触网设备进行电气隔离，并形成明显断开点，以保障检修人员、检修设备的安全；

（2）根据供电的需要，进行分闸操作，以改变供电系统的工作状态，提高供电灵活性。

隔离开关设备在地铁检修过程中应用于计划检修作业、故障维修等需要对接触网进行断电作业等项目。隔离开关的操作是检修作业过程中重要的一个环节，隔离开关操作人员必须具备隔离开关的操作资格。隔离开关实行"一人操作、一人监护"的制度，只有经过培训并通过考试的人员才能操作隔离开关。

1. 隔离开关合闸操作流程及要求

为了规范和统一班组隔离开关合闸操作流程，保证班组人员操作的安全性，统一性和规范性。现对隔离开关操作流程进行梳理和归纳，并为其提供隔离开关合闸指引，对班组员工操作隔离开关合闸流程如图 3.1-12 所示。

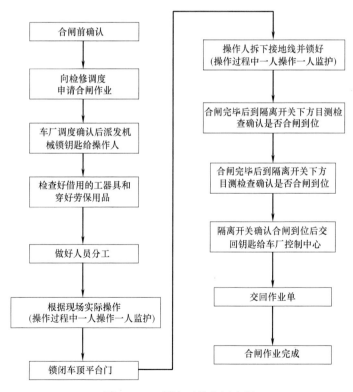

图 3.1-12　隔离开关合闸流程

（1）隔离开关合闸作业申请

1）作业负责人接收到任务后到检修调度处请点，作业负责人（操作人员）、班组安全员（监护人员）到达检修调度处办理接触网送电作业申请；

图3.1-13 作业申请

2）请点时，检修调度首先核实隔离开关操作人员（操作人员与监护人员）必须具备隔离开关的操作资格，只有经过培训并通过考试的人员才能操作隔离开关；若符合则让操作人员与监护人填写《接触网分闸/合闸申请单》（图3.1-13）；

3）检修调度确认《接触网分闸/合闸申请单》填写无误及确认合闸作业与其他作业无冲突后签发接触网送电作业记录单（表3.1-4）；

隔离开关（合闸）操作票 表3.1-4

流水号：

发令部门		发令人	
厂调			
受令人		发令时间	年 月 日 时 分
操作人		监护人	
开始时间	年 月 日 时 分	结束时间	年 月 日 时 分
操作任务	_____道隔离开关合闸		
条件	对应股道列车降弓，列车断激活，无打雷天气		
劳保用品	反光衣，安全帽，绝缘手套，绝缘鞋，红闪灯（绝缘鞋和手套使用前必须检查）		

注意事项	(1)操作时手柄动作匀速一次到位,禁止停顿或冲击,下雨天操作时双脚并拢
	(2)开关锁匙、操作隔离开关,验电、挂接地线、开检修平台锁均应由一人操作,一人监护;严格执行唱票制度、手指口呼
	(3)作业或光线比较暗时必须用强光灯对隔离开关状态进行检查
	(4)手套、绝缘鞋、验电器、接地棒在使用前必须进行外观检查且需确认在有效期内并做简单气密性试验,验电棒声光报警器是否正常
	(5)____道对应____隔离开关

顺序	操作项目	
作业前确认	借用____道隔离开关钥匙	
	确认合闸股道为____道	
	确认合闸股道停放列车已降弓、列车断激活	
1	从平台一端走到另一端,确认____号作业平台人员物品已出清	
2	打开____平台前门锁取下禁止合闸牌,锁上____道____号作业平台前门	
3	拆除____道接地棒(先拆接触网端),撤除红闪灯,打开____道接地线锁,拆除____道接地线,锁上____道接地线锁	
4	打开____号接地棒锁,锁上____号接地棒	
5	打开____道"无电"牌锁,取下____道"无电"牌,锁上"无电"牌锁	
6	向检修调度报告,确认____道接地线、无电牌已拆除____检修调度	
7	打开____道____隔离开关锁,取下禁止合闸牌,合上____道隔离开关,手动操作一次到位动作应匀速、果断	
8	确认____道____隔离开关在"合"位,锁上____道____隔离开关锁,并试拉确认已锁好,确认本次任务已完成	
作业完成确认	出清现场遗留物品,将反光衣、安全帽、绝缘手套、绝缘鞋放回劳保柜锁好;各类钥匙及操作票归还 DCC	
备注	每做完一步,在相应的方框写上操作的时间节点(例如09:10)	

4）作业负责人在检修调度处办理好接触网送电记录单后，向车厂调度提出隔离开关送电申请；

5）车厂调度审核填写内容无误，确认具备合闸条件、允许进行合闸作业后，签发隔离开关机械钥匙及摇把给监护人。监护人必须确认隔离开关机械锁钥匙编号正确无误；

6）操作人在车厂调度办理完手续后在检修调度处登记借用。操作人向检修调度借用安全帽、绝缘鞋、绝缘手套、验电棒、红闪灯等物品。

（2）隔离开关合闸作业操作流程

隔离开关合闸申请得到批准后，方可进行隔离开关合闸操作：

图 3.1-14　确认天气、股道和电客车状态

1）操作人及监护人确认当时作业天气无打雷、闪电天气以及电客车所停股道与操作票是否一致，电客车是否处于降弓未激活状态（图 3.1-14）；

2）操作人及监护人对检修平台门号进行确认，从平台一端走到另一端，对检修平台人员、物料出清确认；

3）操作人及监护人对检修平台进行出清后撤除检修平台的"禁止合闸牌"，操作人锁好车顶平台闸门，并由监护人确认车顶平台门已锁好；

4）操作人对绝缘手套、绝缘鞋进行外观、送检有效期、气密性检查后穿戴好劳保用品；

5）操作人及监护人员确认隔离开关股道号正确后、对接地线进行拆下并撤除红闪灯；

6）操作人打开接地线五防锁，取下接地线，并恢复接地位锁，将接地棒拆装，放回收纳袋装好后，打开接地棒存放五防锁，将接地棒放好后锁上存放接地棒五防锁（图 3.1-15）；

7）操作人及监护人来到隔离开关处打开"无电指示牌"五防锁，取出"无电指示牌"。通知检修调度现场确认接地线、"无电牌"已撤除后签字操作隔离开关合闸确认锁（图 3.1-16）；

图 3.1-15 接地棒拆装

图 3.1-16 操作五防锁

8）操作人及监护人确认隔离开关编号，打开隔离开关五防锁取出"禁止合闸牌"；

9）操作人员使用摇把往合闸方向匀速转动进行合闸到位后，监护人员确认隔离开关刀闸、转轴处于合位（图 3.1-17）；

10）操作人员锁上隔离开关五防锁，监护人员进行互控检查确认，作业完成后将绝缘手套及绝缘鞋放回劳保用品箱并锁上箱柜。

（3）隔离开关合闸作业出清销点

图 3.1-17 确认隔离开关处于合位

隔离开关合闸完毕后，需按时销点，销点流程如下：

1）监护人向车厂调度、检修调度汇报；

2）交回隔离开关机械锁钥匙、隔离开关操作扳手及摇把。将红闪灯、五防锁、劳保用品箱钥匙归还检修调度并做好物品归还登记；

3）操作人在车厂调度处签注申请表，确认合闸完毕；

4）车厂调度记录并标示合闸区域已合闸后交付正常使用，

完成合闸作业。

2. 隔离开关分闸操作流程及要求

为了规范和统一班组隔离开关分闸操作流程，保证班组人员操作的安全性，统一性和规范性。现对隔离开关操作流程进行梳理和归纳，并为其提供隔离开关分闸指引，对班组员工操作隔离开关分闸流程如图 3.1-18 所示。

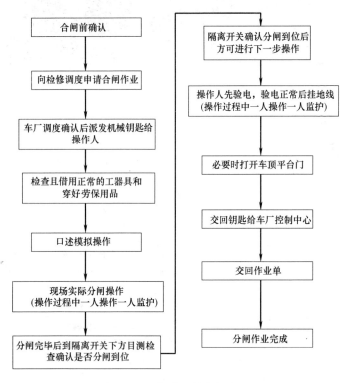

图 3.1-18　隔离开关分闸流程

（1）隔离开关分闸作业申请

分闸前，监护人必须到现场确认该区段无负载才进行申请分闸作业。隔离开关分闸申请步骤如下：

1）作业负责人接收到任务后到检修调度请点，作业负责人

（操作人员）、工班长/监护人员到达检修调度办理接触网送电作业申请；

2）检修调度核实请点人隔离开关操作人员（操作人员与监护人员）必须具备隔离开关的操作资格，是否具备请点资格，只有经过培训并通过考试的人员才能操作隔离开关。若符合则让操作人员与监护人填写《接触网分闸/合闸申请单》（表 3.1-5）；

隔离开关（合闸）操作票　　　　　表 3.1-5

流水号：

发令部门		发令人	
厂调			
受令人		发令时间	年　月　日　时　分
操作人		监护人	
开始时间	年　月　日　时　分	结束时间	年　月　日　时　分
操作任务	_____道隔离开关合闸		
条件	对应股道列车降弓，列车断激活，无打雷天气		
劳保用品	反光衣,安全帽,绝缘手套,绝缘鞋,红闪灯(绝缘鞋和手套使用前必须检查)		
注意事项	(1)操作时手柄动作匀速一次到位,禁止停顿或冲击,下雨天操作时双脚并拢		
	(2)开关锁匙、操作隔离开关、验电、挂接地线、开检修平台锁均应由一人操作,一人监护;严格执行唱票制度,手指口呼		
	(3)作业或光线比较暗时必须用强光灯对隔离开关状态进行检查		
	(4)手套、绝缘鞋、验电器、接地棒在使用前必须进行外观检查且需确认在有效期内并做简单气密性试验,验电棒声光报警器是否正常		
	(5)_____道对应_____隔离开关		

续表

顺序	操作项目	
作业前确认	借用____道隔离开关钥匙	
	确认分闸股道为____道	
	确认分闸股道停放列车已降弓、列车断激活	
1	打开____道____隔离开关锁,拉开____隔离开关	
2	确认____道____隔离开关在"分"位,挂禁止合闸牌,锁上____道____隔离开关锁,并试拉确认已锁好	
3	向检修调度报告,确认____隔离开关已分闸 检修调度:_____	
4	打开____号验电棒锁,取出验电棒,锁上____验电棒锁	
5	打开____验电线锁,装设____接地端验电线,锁上____验电线锁,验明____接触网无电	
6	打开____号接地棒锁,取出接地棒,锁上____接地棒锁	
7	打开____接地线锁,装设____接地端接地线,锁上____接地线锁,挂____接地棒,装设红闪灯	
8	拆除____接触网验电棒,打开____验电线锁,拆除验电线,锁上23道验电线锁	
9	打开_____号验电棒锁,锁上_____验电棒	
10	打开____无电牌锁,悬挂____道无电牌	
11	打开____道____检修平台门,挂上禁止合闸牌,锁上____检修平台门锁,确认本次任务已完成	
作业完确认	出清现场遗留物品,将反光衣、安全帽、绝缘手套、绝缘鞋放回劳保柜锁好;各类钥匙及操作票归还DCC	
备注	每做完一步,在相应的方框写上操作的时间节点(例如09:10)	

3)检修调度确认《接触网分闸/合闸申请单》填写无误及确认分闸作业与其他作业无冲突后签发接触网送电作业记录单;

4）作业负责人在检修调度处办理好接触网送电记录单后，向车厂调度提出隔离开关送电申请；

5）车厂调度审核填写内容无误确认具备分闸条件、允许进行分闸作业后，签发隔离开关机械钥匙及摇把给监护人；监护人必须确认隔离开关机械锁钥匙编号正确无误；

6）作业负责人在车厂调度处办理完手续后在检修调度处登记借用操作人向检修调度借用安全帽、绝缘鞋、绝缘手套、验电器、红闪灯等物品。

（2）隔离开关分闸作业操作流程及要求

隔离开关分闸申请得到批准后，方可进行隔离开关分闸操作：

1）操作人及监护人确认当时作业天气无打雷、闪电天气以及电客车所停股道与操作票是否一致，电客车是否处于降弓未激活状态；

2）操作人对绝缘手套、绝缘鞋进行外观、送检有效期、气密性检查后穿戴好劳保用品；

3）操作人及监护人穿戴好劳保用品前往需要分闸隔离开关处，确认隔离开关编号后，打开隔离开关五防锁；

4）操作人员使用摇把往分闸方向匀速转动进行分闸，到位后监护人员确认隔离开关刀闸、转轴处于分位；

5）操作人员锁上隔离开关箱盖板锁，并挂好"禁止合闸牌"，监护人员进行试拉确认；

6）操作人员将隔离开关机械钥匙，摇把归还车厂调度，填写归还时间做好物品归还登记手续；

7）操作人员通知检修调度到现场确认接触网刀闸处于分位，检修调度签字确认后再操作五防锁挂上无电指示牌（图 3.1-19）；

8）操作人及监护人确认验电棒序号后，打开验电棒锁五防锁；

9）操作人取出验电棒确认验电棒送检日期在有效期内，声光信号正常，电缆无断股现象；操作人组装好验电棒并打开验电棒锁，将验电棒的接地端接到牵引回流轨上（图 3.1-20）；

图 3.1-19　检修调度
确认五防锁状态

图 3.1-20　验电棒
锁接到牵引回流轨

10）操作人将验电棒端头轻靠停电设备，无响声、闪光则为已断电；操作人及监护人确认接地棒序号后，打开接地棒锁五防锁取出接地棒；

11）操作人组装接地棒确认挂钩正常，在有效送检期内，电缆线无断股现象。操作人打开接地线五防锁，将接地棒的接地端接到牵引回流轨上，将接地棒挂在接触网上；

12）操作人取下验电棒并整理好线缆后放回验电棒盒；操作人及监护人确认挂好接地线后，在相应股道设置红闪灯（图3.1-21）；

图 3.1-21　确认接地线挂好

13）操作人打开验电棒存放五防锁，放好后锁上五防锁。操作人及监护人前往隔离开关操作股道，打开悬挂无电牌五防锁，挂上无电牌；

14）操作人检查断电平台门号，打开五防锁，挂上"禁止操作牌"，监护人轻拉进行确认。

（3）隔离开关分闸出清销点

隔离开关分闸完毕，并完成验电、挂地线作业等步骤后，需按时销点，销点流程如下：

1）操作人及监护人向车厂调度、检修调度汇报；

2）操作人将五防锁、劳保用品箱钥匙归还检修调度，并做好登记。

3. 隔离开关操作安全注意事项

（1）隔离开关操作人员必须是培训合格人员才能操作，在隔离开关操作过程中要求严格执行一人操作一人监护制度；

（2）倒闸作业前必须确认开关编号，检查开关状态和开关接地装置是否良好；

（3）隔离开关监护人员负责对整个操作过程进行监护和设置好作业现场安全防护措施，非检修股道的隔离开关，接挂地线后需在接地线下方放置红闪灯；

（4）借用验电器、绝缘手套、绝缘鞋、接地线、红闪灯，绝缘手套及绝缘鞋要求电气试验合格，操作前应对绝缘手套做漏气检查；戴好安全帽和绝缘手套，穿好绝缘鞋；接地线无破损，红闪灯有电且能正常闪烁，所有设备设施仍处于使用期限范围；

（5）接挂地线前，操作人员必须先验电，必须认真确认接触网分段绝缘器位置，必须在正确的区域挂接地线。取送接地线时，注意上方接触网，必须横平移动，需移挂地线时，要重新办理申请作业单；

（6）分闸前，隔离开关监护人员必须确认该区段无负载，所有人员、工器具出清，严禁线路带负荷时进行隔离开关倒闸作业；

（7）上车顶平台作业时，必须在检修调度处请点方可上平台作业，作业完成后应及时清场销点并锁好平台门；

（8）挂接地线时必须先将接地线夹紧固在轨道上，然后再挂上接触网，并拧紧。拆除接地线时，必须先拆除接触网上连接的一端，然后再拆除与轨道连接的一端；

（9）隔离开关操作人员在操作前应注意观察周围的工作环

境，如发现异常情况时，应立即停止作业，并向车厂调度汇报；

（10）隔离开关操作过程中如出现受阻、不能一次开合到位，中途发生冲击或停滞等意外现象，应马上向车厂调度汇报；

（11）隔离开关分闸或合闸操作后，隔离开关操作人员必须到隔离开关下方位置目测检查确认隔离开关是否处于断开或合上位置，隔离开关各部位技术状态是否良好；

（12）严禁在打雷、闪电的气候条件下进行隔离开关倒闸作业；

（13）隔离开关分闸后，在挂接地线前必须先验电；

（14）操作过程中严禁操作其他与本分闸作业无关股道的隔离开关，且操作过程中严禁逆向操作。

3.1.5 静调电源柜断/送电操作流程

电客车经过检修之后需要进行静态调试，静态调试需通过静调电源柜获得满足地铁电客车在车间内使用的 DC1500V 电源。静调电源柜操作人员必须具备静调电源柜的操作资格。静调电源柜实行"一人操作、一人监护"的制度，只有经过培训并通过考试的人员才能操作静调电源柜开关。

1. 静调电源柜断电作业流程

为了规范和统一班组静调电源柜断电流程，保证班组人员操作的安全性、统一性和规范性。现对静调电源柜断电流程进行梳理和归纳，并为其提供静调电源柜操断电操作指引，班组员工静调电源柜断电操作流程如图 3.1-22 所示。

图 3.1-22　静调柜断电流程图

（1）静调电源柜断电作业申请

当对静调电源柜断电时，由具备静调电源柜操作资格的作业负责人和操作人，共同到车厂控制中心（DCC）向检修调度提出申请：

1）作业负责人（操作人员）、班组长（监护人员）到达检修调度办理静调电源柜断电作业申请；

2）检修调度确认作业人员资格、确认后签发静调电源柜断电作业记录单；

3）作业负责人确认记录单无误后、登记借用静调电源柜钥匙及劳保用品箱钥匙。

（2）静调电源柜断电操作流程

静调电源柜断电申请得到批准后，方可进行静调电源柜断电操作，操作步骤如下：

1）操作人对绝缘手套、绝缘鞋进行外观检查、要求无破损、送检在有效日期内、气密性试验检查合格后穿戴好劳保用品；

2）操作人员做好安全防护后，配合人员确认电客车全部负载已关闭；

3）操作人员按下静调电源柜分闸按钮，确认红色报警灯灭、静调电源柜电压表无输出电压指示灯亮绿色；

4）将钥匙打至 0 位、拔出静调电源柜钥匙，监护人确认所有指示灯灭（图 3.1-23）；

5）配合人员断列车激活，断电 5min 后，操作人将库用电源插座从车上取下并恢复好车间电源盖；

图 3.1-23　拔出静调电源柜钥匙

6）操作人员将电客车两端高压箱的三位置开关恢复到运行位，监护人员手动确认恢复到位，高压箱盖板锁闭良好（图 3.1-24）；

图 3.1-24　恢复到运行位

7）操作人员将库用电源插头连接电缆整理收回到固定线盘上。

（3）静调电源柜断电出清销点

静调电源柜断电完毕后，需按时销点，销点流程如下：

1）操作人作业完成后把劳保用品重新放回柜子内；

2）操作人作业完成后向检修调度报告情况办理销点手续，并将填好的作业记录单交给检修调度存档；

3）操作人归还静调电源柜钥匙及劳保用品箱钥匙，并填写销点单。

2. 静调电源柜送电作业流程

为了规范和统一班组静调电源柜送电流程，保证班组人员操作的安全性，统一性和规范性。现对静调电源柜送电流程进行梳理和归纳，并为其提供静调电源柜操送电操作指引，对班组员工静调电源柜送电操作流程如图 3.1-25 所示。

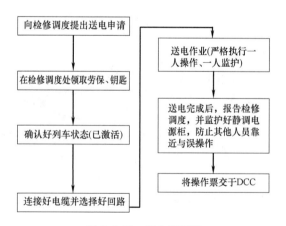

图 3.1-25　送电流程图

（1）静调电源柜送电作业申请

当电客车需使用静调电源柜送电时，由具备静调电源柜操作资格的作业负责人和操作人，共同到检修调度室提出申请：

1）作业负责人（操作人）、班组长（监护人）到达检修调度室办理静调电源柜送电作业申请；

2）检修调度确认作业人员资格、确认符合资格后签发静调电源柜送电作业记录单；

3）作业负责人及监护人确认静调电源柜送电记录单无误后，并登记借用劳保用品箱钥匙。

（2）静调电源柜送电流程

静调电源柜送电申请得到批准后，方可进行静调电源柜送电操作，操作步骤如下：

1）操作人员及监护人对绝缘手套、绝缘鞋进行外观检查，要求无破损、送检在有效日期内、气密性试验检查合格后穿戴好劳保用品；

2）电客车两端挂好禁动牌，做好安全防护后，确认电客车受电弓降下，电客车处于非激活状态（图3.1-26）；

图 3.1-26　确认电客车受电弓降下，处于非激活状态

3）操作人及监护人检查电源柜状态良好，进出线无破损等异常现象填写静调电源柜运行记录本；

4）操作人将电客车两端辅助高压箱三位置开关打至库用位，监护人员确认三位置开关在库用位并确认箱体盖板锁闭好（图3.1-27）；

5）操作人将电源柜插头连接到电客车库用插座上，并确认安装正确，牢固，安装标识在同一条线上，监护人确认插座安装状态良好；

6）操作人及监护人检查电客车车底及两侧无作业人员，无

图 3.1-27　确认三位置开
关打至库用位

金属异物和乱搭电线等异常现象；

7）通知配合人员激活列车，并进入 HMI（人机交互界面）维护子界面 SIV（辅助逆变器）查看 DXMe 模块状态；

8）配合人员确认电客车 HMI（人机交互界面）界面允许库用图标变为绿色后通知操作人员可以进行送电操作（图 3.1-28）；

9）操作人员将静调电源柜钥匙打至合位，按下合闸按钮，确认红色报警灯闪亮，电压表有输出电压（图 3.1-29）；

图 3.1-28　确认允许库
用图标变为绿色

图 3.1-29　确认有输出电压

10）配合人员确认电客车 HMI（人机交互界面）显示有1500V 高压且在正常范围内；

11）配合人员按压电客车升弓按钮无法升弓、HSCB（高速断路器）无法闭合，查看空调、照明功能正常。

（3）静调电源柜送电出清销点

静调电源柜送电完毕后，需按时销点，销点流程如下：

1）作业人员作业完成后把劳保用品重新放回柜子内；

2）操作人员作业完成后向检修调度报告情况并办理销点手续，并将填好的作业记录单交给检修调度存档；

3）操作人归还静调电源柜钥匙及劳保用品箱钥匙，并填写销点单。

3. 静调电源柜安全注意事项

（1）静调电源柜操作人员必须具备静调电源柜的操作资格，只有经过培训并通过考试的人员才能操作静调电源柜；

（2）操作静调电源柜前，操作人员必须按要求穿戴好安全防护用品，做好静调电源柜状态检查、并填写静调电源柜运行记录本；

（3）静调电源柜在送电过程中，严禁任何人接触高压线缆、连接插头及柜体；

（4）静调电源柜在送、断电过程中不得打开静调电源柜的柜门；

（5）操作静调电源柜时，须严格按照静调电源柜断、送电作业记录单；

（6）操作静调电源柜时，须两人进行，严格遵守一人操作、一人监护的原则；

（7）静调电源柜的出线电缆不能直接在地面、道碴、道床、积水（油）或其他硬物、尖锐物表面上拖放、碰压、受热缠绕、弯曲；

（8）静调电源柜送电过程中遇到紧急情况，可直接打下红色急停按钮，紧急分断静调电源柜 DC1500V 输出电源，并及时向当值的检修调度报告；

（9）只有当静调电源柜引出的电缆插头与电客车辅助高压箱插座连接好后，DC1500V 电压才能从静调电源柜送出；

（10）DC1500V 电压从静调电源柜送出后，柜顶红色报警灯应闪烁；

（11）静调电源柜操作面板上装有急停按钮，按下急停按钮将紧急切断 DC1500V 输出电源，同时柜内的电笛报警（发生报警时，需按柜面板上的复位开关进行手动复位才能解除报警）。

3.2 工程车检修作业流程

3.2.1 概述

1. 工程车检修工

工程车作为城市轨道交通施工作业、救援抢险和库内调车作业的重要牵引动力设备。在复杂的运输条件下，工程车经过一段时间运用后，不可避免地会出现一些损伤，即各零部件会发生不同程度的磨损、松旷、裂纹、变形或腐蚀；电气装置还会出现断线、接地烧损、绝缘老化或破损。如不及时进行检修，就会加速工程车不正常的磨损或破坏，甚至引起事故，造成重大损失。因此，不仅要提供数量充足的工程车，而且要做好工程车的检修工作，保证良好的技术状态，使城市轨道交通正常运转。

工程车检修工的主要工作就是严格遵守各项规章制度，执行标准化作业流程，按计划、按工艺规程认真完成工程车保养、检修任务及故障处理，消除工程车各零部件在运用中的损伤，经常保持和不断恢复其工作性能，使工程车保持良好的技术状态，以满足城市轨道交通运输的需要。

2. 工程车辆检修的主要内容

城市轨道交通行业中，主要常用的工程车辆包括有轨道（牵引）工程车、接触网检测车、轨道检测车、接触网作业车、钢轨打磨车、轨道平车、收轨平车、轨道探伤车等。各类工程车在外观和内部结构上虽有差异，但一般是由柴油机、传动系统、制动系统、走行部、车体及电气系统等组成。

工程车的检修工作就是对工程车及其零部件的损伤规律进行系统的研究和分析，找出损伤原因，制定合理的修理制度、确定各种车型及相关系统的修程、修理周期和修理范围，正确组织工程车的日常维护、保养和定期的检查修理，选择先进的修理方法，不断采用新技术、新材料和新工艺，以提高工程车的检修质量缩短工程车在修停时间，节约修车成本，提高运输经济效益。

3. 工程车辆的检修修程

在城市轨道交通行业中，工程车目前的检修管理模式主要采用计划修和临修两种模式相结合。计划修就是指零部件在损坏之前所进行的计划预防修理，即为了保证行车安全，延长工程车使用寿命，减少或防止运用中出现先期破坏的可能性而对工程车进行预防性的、有计划的定期检修。一般常见的修程主要分为日常保养（该项工作原则上值班工程车司机完成）、月检、半年检、年检，具体到某种车型根据运用频繁程度可制定周检和季检或调整相应修程的内容范围，以确保工程车运用到下周检修周期的设备质量良好。

工程车的临修，主要是工程车在运用过程中，司机发现有超出自检范围的故障而进行的临时性修理。

工程车的检修修程作业流程一般分为计划性作业流程和临修作业流程。

4. 工程车辆检修的主要作业流程

工程车检修在采用计划修和临修相结合的两种检修模式下，工程车的检修主要作业流程分为计划修作业流程和临修作业流程。工程车的检修作业流程包括作业前的准备工作，请点、检修作业、验收、交车、销点、填写完善检修记录台账等的主要作业环节。

我们主要以城市轨道交通行业中常用的 GCY450 型轨道（内燃牵引）工程车的月检作业内容为例，对工程车的月检具体作业内容和作业流程的实施进行介绍（图 3.2-1）。

3.2.2 作业前的准备工作

设备检修调度根据计划，提前两天将施修计划下达给工程车司机班和检修班。工程车检修班根据车辆的修程计划确定的修程级别和司机日常自检发现的故障预报提前一天召开专题小组会，分配工作任务，明确当次修程的检修施工负责人，确定修程用料。

当天开始作业前，工程车检修班安全员向班组员工强调安全注意要点，作业人员按规定穿戴好劳保用品，备齐检修工具材

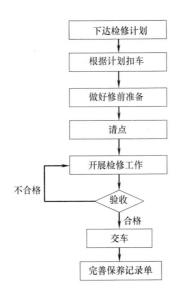

图 3.2-1 工程车计划
修作业流程示意图

料；作业人员向材料员借用工程车检修作业所需要的红闪灯、禁动牌及检修工具等物品，并填写物品借用记录表（图 3.2-2）。

3.2.3 请点作业流程

1. 办理请点手续

工程车检修施工负责人接受检修班工长下达的工程车检修任务后，到设备检修调度处请点，设备检修调度认真核实请点人员是否具备请点资格，若符合则让施工负责人填写作业申请单（图 3.2-3）。

设备检修调度核实作业申请单内容填写是否规范，作业

是否符合相关规定要求，工程车车辆状态是否满足作业条件，若满足要求则批准作业；同时，设备检修调度针对作业内容和特点，将作业安全要点告知施工负责人。

2. 请点、销点流程图（图 3.2-4）

图 3.2-2 准备工具及安全防护用品

3.2.4 工程车检修作业

工程车检修施工负责人在设备检修调度办理完成请点手续后，在需检修的工程车两端悬挂"严禁动车"牌，并在规定位置放置红闪灯后，组织各检修小组根据工长分配的任务开始进行工程车各系统检修作业。以下为 GCY450 型轨道（内燃牵引）工程车的月检各系统的检修作业内容。

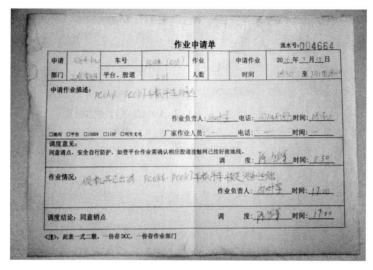

图 3.2-3　填写作业申请单

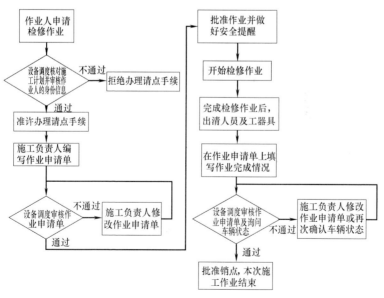

图 3.2-4　工程车检修作业请点和销点流程图

1. 柴油机系统检修作业

柴油机系统主要由曲轴连杆机构、配气机构的两大机构和进排气系统、燃油供给系统、润滑系统、冷却系统组成。

（1）柴油机系统检修常用工具及物料

划线笔、清洁剂、棉纱、毛刷、油盆、滤芯专用扳手（机油滤芯、燃油滤芯）、红外测温仪、万用表、移动空压机、内六角、棘轮组套、58件套、一字旋具、开口销。

（2）柴油机系统检修

1）目测柴油机上各紧固件螺栓划线是否有错位。

2）手动轻轻拨动柴油机传感器接线，检查传感器接线是否松脱。

3）手动轻轻摇动柴油机数据线，检查接头是否松脱。

4）检查和补充柴油机机油油量。

图 3.2-5　检查机油

5）拔出机油油尺，擦净油尺表面油污，插回油尺孔。

6）再次拔出油尺检查冷机时机油油位在 ADD-FULL 刻线之间，不足时添加（图 3.2-5）。

7）检查机油滤清器无漏油、无破损，用专用滤芯扳手检查燃油滤芯紧固情况，如图 3.2-6。

8）检查燃油滤清器。

① 检查燃油滤清器无漏油、无破损，用专用滤芯扳手检查燃油滤芯紧固情况（图 3.2-7）。

② 排放燃油滤清器粗滤器油水分离器中的积水（图 3.2-8）。

9）检查柴油机冷却液液位，膨胀水箱液位在液位表 2/3 处，最低液位不低于 1/3，不足时添加（图 3.2-9）。

10）检查启动马达、辅助发电机状态。

① 检查启动马达接线无松动，运行正常后启动马达表面温

度应与室温相同（图 3.2-10）。

图 3.2-6　机油滤清器紧固检查

注：拧紧方法：用手将滤芯拧紧后再
用滤芯专用扳手紧固 1/4 圈。

图 3.2-7　燃油滤清器紧固检查

注：拧紧方法：用手将滤芯拧紧后再
用滤芯专用扳手紧固 1/4 圈。

图 3.2-8　排放燃油粗滤器油
水分离器中积水

注：拧紧方法：用手将滤芯拧紧后
再用滤芯专用扳手紧固 1/4 圈。

图 3.2-9　柴油机冷却液液位检查

　② 检查柴油机辅助发电机外观状态良好，接线无松脱。

　11）检查柴油机各连接各皮带是否有裂纹、磨损等异常
情况；

　12）检查柴油机支座减振垫要求无破损（图 3.2-11）。

　13）检查涡轮增压器状态，要求运转正常无漏油、异响，废
气旁通装置状态良好（图 3.2-12）。

　14）记录柴油机各项参数。

图 3.2-10　柴油机启动
马达温度测试

图 3.2-11　柴油机支座

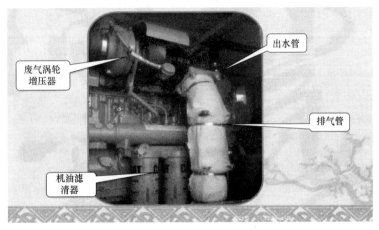

图 3.2-12　涡轮增压器

15）启机动态测试柴油机的性能。

16）每月清洗空气滤清器的粗滤器，每半年更换空气滤清器的空气粗滤器滤芯、空气细滤器滤芯。

17）每半年清洗柴油机吸油滤网。

18）每年更换机油、机油滤清器、燃油滤清器。

19）每两年更换冷却液。

2. 传动系统检修作业

传动系统主要由液力传动箱、传动轴、车轴齿轮箱组成。

（1）传动系统检修常用工具及物料

划线笔、万用表、棉纱、清洁剂、油盆、滤芯专用扳手（机油滤芯、燃油滤芯）、开口扳手、红外测温仪、管钳、扭力扳手、450mm 活动扳手、老虎钳、开口销、卡簧钳、黄油枪、机油枪、内六角、长城 3 号锂基脂。

（2）传动系统检修

1）液力传动箱检修

① 静态检查液力传动箱油量，观察油尺，要求在高油尺位和低油位之间；

② 运行柴油机，动态检查液力传动箱油量，观察油尺，要求油位自始至终应在低油位油尺绿色刻度线中线以上，最高时在高油位油尺上部红色刻度（若超出，此时线路试验透气帽可能会有喷油现象），见图 3.2-13；

③ 检查液力传动箱自身螺栓、支座螺栓以及油管管口的紧固状态，要求划线无错位；

④ 检查液力传动箱支座橡胶要求无破损；

⑤ 检查液力传动箱各油管无泄漏及老化磨损情况；

图 3.2-13　传动箱油量

⑥ 静态检查液力传动箱各油管，要求无挤压、变形、破损、龟裂等现象，若出现需及时调整、更换，运行柴油机，动态检查液力传动箱各油管和管接头，要求无明显振动、漏油；

⑦ 检查液力传动箱运转时有无异常声音和异常状态；

⑧ 检查液力传动箱各油管路无破损，各阀动作无异常；

⑨ 以后每两年更换液力变传箱油，每年清洁吸油滤网；

⑩ 每两年更换传动箱滤清器；

⑪ 每两年更换惰行泵滤芯；

⑫ 委外校验液压系统的液压表。

2）车轴齿轮箱检修

① 检查车轴齿轮箱的接触面密封情况，要求无泄漏；

② 检查车轴齿轮箱箱体安装紧固状态，要求划线无错位；

③ 检查车轴齿轮箱拉臂总成减振胶垫状态，要求无破损；

④ 检查车轴齿轮箱的润滑油量，油量不足时补充，如图 3.2-14；

图 3.2-14　车轴齿轮箱油位镜

⑤ 检查拉臂总成的润滑情况，不足时补充；

⑥ 清洁车轴齿轮箱表面的油污；

⑦ 每两年更换齿轮箱油。

3）传动轴检修

① 检查传动轴叉、万向节叉、十字轴和伸缩套的状态和磨损程度；

② 平衡块应完好，无脱焊；

③ 传动轴防脱架应紧固，与传动轴无干涉；

④ 检查传动轴的螺栓状态，要求划线无错位；

⑤ 对传动轴、固定轴各润滑点添加润滑脂，如图 3.2-15；

⑥ 使用扭力尺，校核传动轴螺栓扭力，检查传动轴的螺栓是否紧固，重新划线，如图 3.2-16。

图 3.2-15　传动轴润滑　　　图 3.2-16　对传动轴螺栓校核力矩

3. 制动系统检修作业

制动系统主要有风源系统、JZ-7 型空气制动机、基础制动装置、停放制动装置。

（1）制动系统检修常用工具及物料：划线笔、清洁剂、棉纱、万用表、移动式空压机、电工旋具套装、内六角、58 件套、300mm 活动扳手、450mm 活动扳手、管钳、开口扳手 1 套、一字旋具 1 把、十字旋具 1 把、聚四氯乙烯带、停放制动手动缓解钥匙 1 把。

（2）制动系统检修

1）风源系统

① 排放空压机底部积水和油污，如图 3.2-17；

② 检查和补充空气压缩机机油油量，如图 3.2-18；

空压机机油

图 3.2-17　空压机排污　　　　图 3.2-18　空压机油位

③ 检查空压机及散热风扇紧固螺栓的紧固情况，要求划线无错位，如图 3.2-19；

④ 检查空压机电气箱固定牢固，各部电气元件接线无松脱；

⑤ 检查空压机安装座应无变形、裂纹；

⑥ 检查空压机的空气滤清器，必要时用不大于 207kPa 的压缩空气吹净，如图 3.2-20；

⑦ 检查空压机运行状态，要求无异常或异响；

⑧ 检查空压机油路、气路的密封状态，要求无泄漏；

⑨ 检查空压机散热风扇的工作状态，要求无异常；

⑩ 柴油机转速 1500r/min 从 0kPa 达到 800kPa 的时间应不大于 3min；

图 3.2-19　空压机及散热风扇紧固螺栓（部分）

图 3.2-20　清洗空压机空气滤清器

⑪ 检查空压机压力调节阀加载、卸载功能及压力值应正常；

⑫ 每半年清洁空压机外壳，清洁空压机散热风扇，如图 3.2-21；

图 3.2-21　清洗空压机散热器

⑬ 每半年检查各部管路；

⑭ 每年更换空压机进气过滤器滤芯；

⑮ 每年更换空压机润滑机油；

⑯ 每年更换空压机的油气过滤器；

⑰ 每年检查空压机出风口处的单向阀状态，要求无堵塞。

2）JZ-7 型空气制动机

① 启机进行 JZ-7 型空气制动机性能试验，如图 3.2-22；

② 每半年对风表、列车软管进行校验；

③ 每两年拆解干燥器，更换干燥剂，同时清洗排污阀、止回阀、过滤网芯；

④ 每年对制动阀件、安全阀进行校验。

3）基础制动装置、停放制动装置

① 对闸瓦标划 20mm 标志线，如图 3.2-23。

图 3.2-22 空气制动机性能试验

图 3.2-23 闸瓦厚度标志线

② 测试停放制动性能是否良好。

4. 走行部系统检修作业

走行部系统主要由转向架及其辅助装置组成。

（1）走行部系统检修常用工具及物料

长城 3 号锂基脂、万用表、检车锤、红外测温仪、58 件套、划线笔、清洁剂、棉纱、扭力扳手、塞尺、老虎钳、黄油枪、开口销、轮径尺、轮缘深度尺、螺纹紧固胶、聚四氟乙烯带。

（2）走行部系统检修

1）检查减振圆弹簧是否有裂纹或者异响，内外圆弹簧无错位；

2）检查轮对踏面状态，如擦伤、剥离值超标；

3）检查轮轴迟缓线无错位，如图 3.2-24；

4）检查各润滑点的润滑情况，不足则添加；

5）检查垂向油压减振器应无泄漏，安装紧固状态应良好，检查连接销、开口销、防松垫状态；

6）检查中心销防尘套无破损；

7）检查弹性旁承是否开裂、脱落，滚子动作灵活，橡胶减振垫无老化；

8）检查车轮降噪阻尼器状态，要求功能正常，防松铁线安

图 3.2-24　轮轴迟缓线

装牢固；

9）检查轴箱拉杆无裂纹、轴箱拉杆座焊接无开焊、无变形，防松铁线安装牢固；

10）检查轴箱侧档体润滑良好，螺栓紧固，划线无错位，轴箱挂板无变形，螺栓划线无错位；

11）开盖检查轴箱轴承状态，更换润滑脂；

12）检查轮对的状态，测量轮对数据；

13）对车轴进行探伤。

5. 电气系统检修作业

电气系统主要由电源部分、启动装置、照明及辅助装置、仪表及信号显示、电气控制柜等组成。

（1）电气系统检修常用工具及物料

机车专用线、电工旋具套装、剥线钳、尖嘴钳、电动旋具、万用表、小撬棍、划线笔、清洁剂、毛刷、电工刀、工业凡士林、梅花扳手套装、电路图、绝缘胶带。

（2）电气系统检修

1）检查蓄电池箱盖的锁闭机构状态，要求功能良好；

2）检查蓄电池各接线柱，要求无氧化、锈蚀，及时涂抹凡士林做好防护，如图 3.2-25；

3）检查蓄电池单节电压，如电压不足，需对蓄电池进行补充电，如图 3.2-26；

4）清扫电气柜的灰尘，

图 3.2-25　蓄电池接线
柱涂抹凡士林

确认各电器元件安装紧固情况，如图 3.2-27；

5）检查各传感器、接触器、电气线路及接线端子的接线状态，要求接线紧固；

6）检查照明、仪表、雨刮器、喇叭、司机室风扇状态，要求功能正常；

7）检查柴油机辅助发电机工作状态，要求功能正常；

图 3.2-26　测量蓄电池电压　　　图 3.2-27　清扫电气柜灰尘

8）检查各电气开关、操纵手柄功能正常；

9）检查显示器状态，记录真实故障代码；

10）检查充电电压：正常范围 27～28V，检查充电电流：正常范围≥0A；

11）检查显示器显示的各项参数，要求在规定范围内；

12）检查报警装置工作应正常，如图 3.2-28；

13）检查电气柜、各控制箱、操作台电器元件接线情况，要求接线正常，并使用精密清洁剂清洁电气元件及接线；

14）清洁柴油机的启动电机和充电发电机，查看其接线状态，要求接线正常；

15）检查所有继电器应无烧损、发黑的痕迹；

16）检查接地碳刷是否可靠。

6. 静液压系统检修作业

图 3.2-28　蜂鸣报警指示

静液压冷却系统的主要组成：静液压油箱、液压油泵、散热风扇及驱动装置、各散热器装置、液压油管等。

（1）静液压系统检修常用工具及物料

黄油枪、毛刷、划线笔、内六角、棉纱、450mm 活动扳手 1 把、清洁剂、万用表、移动式空压机、管钳、油盆、开口扳手一套、聚四乙烯带。

（2）静液压系统检修

1）检查静液压油的油量，不足时补充，如图 3.2-29；

2）检查静液压齿轮泵的状态，要求无异响、无漏油；

3）检查静液压马达和冷却风扇的工作状态，要求无异响无漏油；

4）检查静液压系统各液压管路状态，要求无磨损、变形或泄漏；

图 3.2-29　静液压油油位表

5）检查静液压系统各液压阀的状态，要求功能正常；

6）检查静液压系统各压力状态良好；

7）检查静液压系统各紧固件状态，要求划线无错位；

8）检查各散热器外观无破损；

9）每半年清洁静液压滤清器；

10）每半年清洁各散热器表面灰尘及冷却风扇叶片的灰尘；

11）每半年对散热风扇轴进行润滑，如图 3.2-30；

12）每半年委外校验液压系统的液压油表；

13）每两年更换静液压油箱润滑油及更换液压油滤芯。

图 3.2-30 散热风扇轴润滑

7．车体、车架系统检修作业

车体、车架系统主要有司机室、车顶、侧壁、间壁及车钩装置。

（1）车体、车架系统检修常用工具及物料

车钩高度尺、油漆、钢卷尺、划线笔、清洁剂、一字旋具、十字旋具、长城2号钙基脂、450mm活动扳手1把、300mm活动扳手1把。

（2）车体、车架系统检修

1）检查车钩装置状态，要求车钩三态作用灵活、可靠，车钩润滑良好；

图 3.2-31 车钩高度测量

2）测量车钩高度应在标准范围内（880±10mm），如超出标准值则需调整，如图 3.2-31；

3）检查车体状态，要求无异常锈蚀，油漆无异常脱落，必要时进行补漆；

4）检查司机室门窗锁闭机构状态；

5）检查司机室内座椅外观状态良好，检查踏梯、门、扶手、护栏铁链等部位的情况，要求状态良好、划线无错位；

6）检查排障器、扫石器的紧固状态，检查车下悬挂紧固件的状态，要求安装紧固、划线无错位；

7）检查车体外部标识、警示语、车号，要求完好、清晰；

8）每半年测量排障器高度应在标准范围内（95～130mm），如超出标准值则需调整，如图 3.2-32；

9）每半年测量扫石器高度应在标准范围内（20～25mm），如超出标准值则需调整，如图 3.2-33；

图 3.2-32　排障器高度测量

图 3.2-33　扫石器高度测量

10）测量钩舌开度：闭锁状态为 112～122mm，全开为 220～235mm，如图 3.2-34；

11）对车钩舌、车钩舌销、车钩舌推铁和车钩舌锁铁进行磁粉探伤。

图 3.2-34　测量钩舌开度

3.2.5　销点作业流程

施工负责人在每日的工程车检修作业任务完成后，确认工程车车辆状态无异常、作业现场已恢复、清点人数、工器具和相关物品，确认人员、工器具和物品均已出清；然后到设备检修调度处销点，在作业申请单上填写作业完成情况及人员、工器具和物品均已出清情况，调度核实作业完成情况，并签名确认。

在完成该车的月检修程作业内容之前，不得擅自移动破坏铁鞋等安全防护措施，任何人不得擅自驾驶工程车。

在扣修期内每天安排检修人员进行检修作业都必须按规定进行请销点。

3.2.6　验收交车作业流程

工程车检修人员按以上检修作业单内容，认真按照工艺规程进行记名检修，检修完后认真填写检修作业记录单，并进行自检、互检和他检。确保无漏检漏修且各项检修都按标准完成合格时，在作业单的最后签上自己的名字，然后通知技术人员验收，当技术人员发现没有漏检漏修且各项检修都按标准完成合格时，在作业单的最后签上自己的名字。当发现检修者没按作业单要求作业或检修不合格时，应返工直至合格为止。

凡属工程车的计划扣修，工程车班检修人员必须按计划在指定日期完成工程车的检修工作，不得无故延长扣修或修理时间，当所有检修工作完成后，由工程车班检修班长向设备检修调度提交验收申请，由设备检修调度通知司机和相关人员到检修现场验收，经验收合格后即可交付投入使用。

3.3　厂段工艺设备操作作业流程

3.3.1　固定式架车机操作流程

固定式架车机用于车辆段检修库内，是车辆拆装转向架或进行车下设备维修工作，更换作业的专用设备。适用于各型机车或客货车生产制造工厂及检修检测单位对车体进行升高后的检查、维修，对转向架进行拆卸、清洁、组装等作业。其起升高度便于人员操作，可减轻工作人员的体力劳动。

固定式架车机在车辆检修中应用广泛，主要用于地铁车辆大修、架修作业，其核心技术为同步控制。目前，国内还没有成熟的固定式架车机生产厂家，一般都选用国外如 Windhoff、NEUERO、Pfaff 和 PHAFF 等品牌产品。

固定式架车机的操作流程图如图 3.3-1 所示，以下将会对固定式架车机的基本操作进行简单说明。不同品牌的固定式架车机操作流程、界面布置会存在一定的出入，本书仅针对某种特定型号的固定式架车机作为讲解，仅供参考。

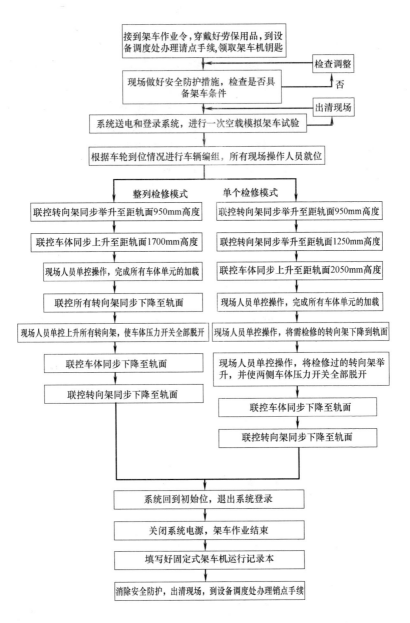

图 3.3-1 固定式架车机操作流程图

1. 安全操作注意事项

为保障作业人员的人身安全，在进行固定式架车机操作时，必须牢记并遵守以下几点安全注意事项：

（1）操作固定式架车机必须正确穿戴好劳保用品（图3.3-2）。

（2）操作前必须先指定一名专门的操作人员，并全面阅读及理解

图3.3-2　穿好劳保用品

设备所有信息。固定式架车机系统只能由有资质和被授权的人员操作。

（3）操作人员必须密切注意动作单元，观察设备运行时有无异常情况。

（4）只有经过专门培训或经过授权的人员才能激活设备维修模式。

（5）只能由经过专门培训的人员开启和使用维修模式。在这种状态下，固定式架车机系统的操作只能在相关维护人员的监督下使用。未经许可的人员不得进入固定式架车机系统的任何位置。

（6）当发现任何异常情况时，应立即按下急停按钮，关闭电源，并对设备技术状态进行检查（图3.3-3）。

（7）在开始操作架车机前，先熟悉工作环境，并应目视检查固定式架车机系统是否有明显损坏。

（8）架车过程中如发现对人和设备有危险的情况出现时，应立即按下急停按钮。

（9）当触发停机后，进一步的纠正措施只能由经过培训的人员来进行。

（10）只要有人在举升柱下或在举升载荷的投影区域内，禁止进行任何举升或下降作业（图3.3-4）。

图 3.3-3　操作电源

图 3.3-4　有人在投影
区内，禁止作业

图 3.3-5　触摸屏

　　（11）固定式架车机操作过程中，禁止非专业人员触碰主控台上的钥匙和任何按钮（图 3.3-5）。

　　（12）联控操作前，必须按下触摸屏"主界面"上的"电铃"按钮，长响一声进行警示后，方可操作。

　　（13）在架车作业前，需进行一次空载模拟架车试验，以确保架车机的正常运行。

　　2. 架车操作

　　（1）安全防护

　　在进行架车作业前，需先到调度处办理请点手续，填写作业申请单。穿戴好相应劳保用品后，到固定式架车机现场，在固定式架车机股道两端做好安全隔离措施。出清现场与作业无关人员，在架车机启动前，确保所有人员站在安全黄线以外（图3.3-6）。

图3.3-6　拉好安全带

（2）系统送电

对架车机系统进行送电，根据各地区架车机的安装接线不同或存在部分差异，一般而言，分为两步：

1）开启固定式架车机系统总电源开关；

2）开启主控制柜电源开关。

（3）系统登录

1）将钥匙插入主控台上的"控制电源"开关，旋转至ON状态（顺时针旋转为ON，逆时针为OFF），"电源指示"灯变亮，等待系统初始化（图3.3-7）。

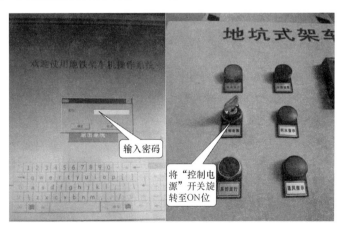

图3.3-7　系统登录

2）进入"登录界面"后，按照提示，需主控人员输入架车机密码，输入相应密码后，点击"确认"键进入操作系统的"主界面"。

图 3.3-8　主界面

3）将主控台上的"系统运行"开关旋转至 ON 状态（顺时针旋转为 ON，逆时针为 OFF），等待系统上电，正常上电后"系统运行"开关变亮，并观察人机界面中"主界面"的"系统工作状态"指示灯是否变亮（图 3.3-8）。

（4）作业前准备

1）在作业前，用铅坠对电客车顶升点与车体举升柱进行大致测量，要求车体举升柱限位开关加载后应处于电客车顶升点挡板范围内，保证车体举升单元在起升后与车体架车点挡边无干涉。

2）架车机现场分控操作人员，分别在 3 号、10 号架车机主侧和 1 号、5 号、8 号、12 号架车机从侧就位，取出本地控制器，准备好对讲机，等待主控台指令（图 3.3-9）。

图 3.3-9　操作人员

（5）电客车编组

1）在进行固定式架车机起升作业前，需对电客车进行编组工作，若进行全列车架升，则将全列车编为一组；若只需要架升指定车体，则将需架升的车体与不需架升的车体进行脱钩处理，再将需架升的车体单独编为一组。

2）在进行编组作业前，必须确保固定式架车机所有举升单元处于最低位置，此时，触摸屏内"车辆编组"状态指示器处于闪烁状态（图3.3-10）。

3）在确认固定式架车机状态良好，可正常使用后，主控台操作人员与电客车调车人员需对电客车车轮是否到位进行确认，具体确认方法如下：

根据实际的车轮探测开关到位情况，进入触摸屏"车辆编组"界面，选择与之对应的"屏选车辆某"按钮，选择确认后按下"编组确认"按钮。该过程结束后，"车辆编组完成标志位"显示为绿色。此时，证明车轮已完全到位，若车轮未完全到位，则编组无法完成（图3.3-11）。

图3.3-10　车辆编组　　　　　图3.3-11　确认编组

（6）整列检修模式操作

1）车辆编组：进入触摸屏"车辆编组"界面，根据实际的车轮到位情况，选择"屏选车辆某"，然后按下"编组确认"按钮，此时若编组正确，则"车辆编组"界面的"车辆编组完成标志位"指示灯显示为绿色；同时"主界面"中的"车辆编组标志位"指示灯也需变成绿色，此时才可以进行车辆架车作业。

2）联控转向架升。进入触摸屏"主界面"选择"转向架联控"按钮（图3.3-12）。

主控人员联系现场人员，确认现场无异常后，所有现场人员按下本地控制器"确认"按钮，主控人员再按下主控制台"转向架升"按钮，转向架同步上升，到50mm高度时自动停止，现

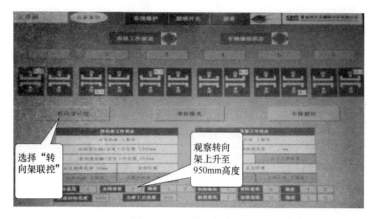

图 3.3-12　转向架联控

场作业人员检查确认安全后，同步举升到距轨面 950mm 高度（图 3.3-13）。

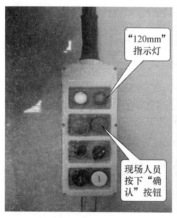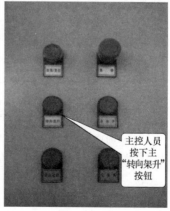

图 3.3-13　"转向架升"操作

3）联控车体升：进入触摸屏"主界面"选择"车体联控"按钮（图 3.3-14）。

主控人员联系现场人员，确认现场无异常后，所有现场人员按下本地控制器"确认"按钮，主控人员再按下主控制台"车体

选择"车体联控"

观察车体上升至1700mm高度

图 3.3-14 "联控车体升"操作

升"按钮，车体同步上升至 1700mm 高度（图 3.3-15）。

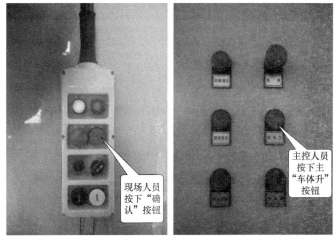

现场人员按下"确认"按钮

主控人员按下主"车体升"按钮

图 3.3-15 "车体升"操作

4）进入触摸屏"主界面"选择"单控模式"按钮。点击"单控选择"按钮，激活单控选择界面（图 3.3-16）。

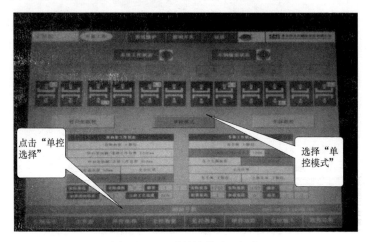

图 3.3-16　"单控模式"操作

按下"选择/取消前三辆车体"和"选择/取消后三辆车体"按钮，单控授权所有车体，所有车体的背景色变绿，授权有效（图 3.3-17）。

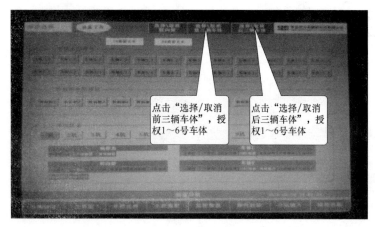

图 3.3-17　选择车体

现场人员将本地控制器"车体/转向架"旋钮旋至"车体"位，授权蓝灯闪烁，按下"上升"按钮进行压力加载，压力加载后，本地控制器红灯点亮 1s 后熄灭，提示用户加载完成。所有车体重复同样动作，直到所有的车体单元加载完成。

5）联控转向架下降：进入触摸屏"主界面"，选择"转向架联控"。主控人员联系现场人员，确认现场无异常后，所有现场人员按下本地控制器"确认"按钮，同步下降所有转向

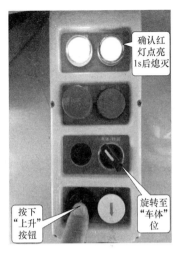

图 3.3-18　车体单元加载

架至 400mm 高度时自动停止，此时本地控制器"120mm"红灯闪烁，现场人员确认举升柱下无异常后按下"确认"按钮，主控人员按下主控台"安全区域"按钮，同时按下主控台"转向架降"按钮，同步下降所有转向架至轨面（图 3.3-19）。

6）单控转向架升：进入触摸屏"主界面"选择"单控模式"按钮。点击"单控选择"按钮，激活单控选择界面。按下"选择/取消转向架"按钮，单控授权所有转向架，所有转向架的背景色变绿，授权有效（图 3.3-20）。

图 3.3-19　联控转向架操作

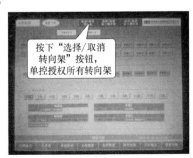

图 3.3-20　单控转向架操作

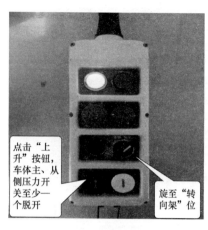

现场人员将本地控制器"车体/转向架"旋钮旋至"转向架"位，授权指示灯蓝灯闪烁，现场人员单控操作转向架单元动作，逐个上升转向架，直到车体主、从侧压力开关至少有一个脱开时，转向架自动停止上升，重复上述步骤直至所有转向架上升到位（图 3.3-21）。

点击"上升"按钮，车体主、从侧压力开关至少一个脱开

旋至"转向架"位

图 3.3-21　转向架上升

7）联控车体降：进入触摸屏"主界面"选择"车体联控"按钮。主控人员联系现场人员，确认现场无异常后，所有现场人员按下本地控制器"确认"按钮，按下主控台"车体降"按钮，所有车体同步下降至250mm 安全距离高度时自动停止，此时本地控制器"120mm"红灯闪烁（图 3.3-22）。

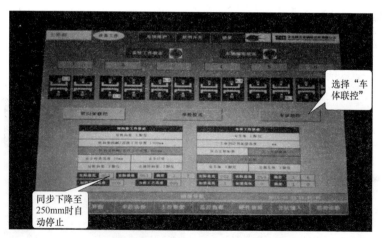

选择"车体联控"

同步下降至250mm时自动停止

图 3.3-22　联控车体降

现场人员确认举升柱下无异常后按下"确认"按钮，主控人员按下主控台"安全区域"按钮，同时按下主控台"车体降"按钮，同步下降所有车体至轨面（图 3.3-23）。

图 3.3-23　下降车体操作

8）联控转向架降：进入触摸屏"主界面"选择"转向架联控"按钮。主控人员联系现场人员，确认现场无异常后，所有现场人员按下本地控制器"确认"按钮，按下主控台"转向架降"按钮，所有转向架同步下降至 400mm 安全距离高度时自动停止，此时本地控制器"120mm"红灯闪烁，现场人员确认举升柱下无异常后按下"确认"按钮，主控人员按下主控台"安全区域"按钮，同时按下主控台"转向架降"按钮，同步下降所有转向架至轨面（图 3.3-24）。

图 3.3-24　联控转向架降操作

9）系统回到初始位，"车辆编组完成标志位"指示灯关闭。将主控台上的"系统运行"开关逆时针旋转到 OFF 状态且指示灯熄灭，人机界面上的"系统工作状态"指示灯熄灭。将主控制台的"控制电源"开关旋转到 OFF 位置，"电源指示"灯熄灭，将开关钥匙拔出（图 3.3-25）。

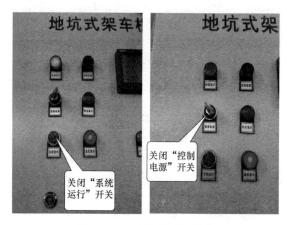

图 3.3-25　系统回到初始位

10）关闭主控制柜电源开关，关闭固定式架车机系统总电源开关，架车作业结束。

（7）单个检修模式操作

1）车辆编组：进入触摸屏"车辆编组"界面，根据实际的车轮到位情况，选择"屏选车辆某"，然后按下"编组确认"按钮，此时若编组正确，则"车辆编组"界面的"车辆编组完成标志位"指示灯变亮；同样"主界面"中的"车辆编组标志位"指示灯也会做出正确与否提示，如果变亮系统就可以进行车辆架车作业。

2）联控转向架升：进入触摸屏"主界面"选择"转向架联控"按钮。主控人员联系现场人员，确认现场无异常后，所有现场人员按下本地控制器"确认"按钮，主控人员再按下主控制台"转向架升"按钮，转向架同步上升，到 50mm 高度时自动停止，现场作业人员检查确认安全后，同步举升到距轨面950mm高度。

3）检修拆除连接后，进入触摸屏"主界面"选择"转向架联控"按钮。主控人员联系现场人员，确认现场无异常后，所有现场人员按下本地控制器"确认"按钮，再按下主控制台"转向架升"按钮，转向架同步上升，到1250mm高度时停止（图3.3-26）。

图 3.3-26　转向架联控操作

4）联控车体升：进入触摸屏"主界面"选择"车体联控"按钮。主控人员联系现场人员，确认现场无异常后，所有现场人员按下本地控制器"确认"按钮，主控人员再按下主控制台"车体升"按钮，车体同步上升至1700mm高度，安全确认后继续上升所有车体单元同步上升到2050mm（1700mm＋350mm）高度后停止（图3.3-27）。

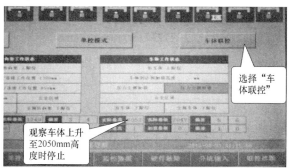

图 3.3-27　联控车体升操作

5）进入触摸屏"主界面"选择"单控模式"按钮。点击"单控选择"按钮，激活单控选择界面。按下"选择/取消前三辆车体"和"选择/取消后三辆车体"按钮，单控授权所有车体，所有车体的背景色变绿，授权有效。现场人员将本地控制器"车体/转向架"旋钮旋至"车体"位，授权蓝灯闪烁，按下"上升"按钮进行压力加载，压力加载后，本地控制器红灯点亮1s后熄灭，提示用户加载完成。所有车体重复同样动作，直到所有的车体单元加载完成。

6）单控转向架降：进入触摸屏"主界面"选择"单控模式"按钮，按钮背景色变绿，选择有效。点击"单控选择"按钮，激活单控选择界面，授权需要更换的转向架单元（图3.3-28）。

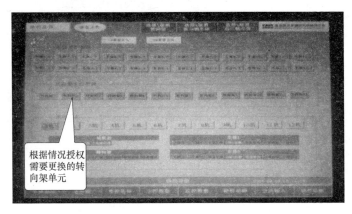

根据情况授权需要更换的转向架单元

图3.3-28　单控转向架降操作

系统切换为本地控制模式，现场人员将相应的本地控制器"车体/转向架"旋钮旋至"转向架"位，此时授权蓝灯闪烁，现场人员操作本地控制器"下降"按钮下降至400mm高度时自动停止，此时本地控制器"120mm"红灯闪烁，现场人员确认举升柱下无异常后，按下本地控制器上的"下降"按钮，将转向架下降到轨面（图3.3-29）。

7）单控转向架升：进入触摸屏"主界面"选择"单控模式"按钮，按钮背景色变绿，选择有效。点击"单控选择"按钮，激活单控选择界面，授权需要更换的转向架单元（图 3.3-30）。

系统切换为本地控制模式，现场人员将相应的本地控制器"车体/转向架"旋钮旋至"转向架"位，此时授权蓝灯闪烁，现场人员操作本地控制器"上升"按钮，上升直到车体主、从侧压力开关至少有一个脱开时，转向架自动停止（图 3.3-31）。

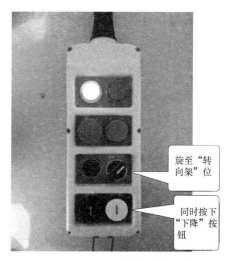

图 3.3-29 转向架下降到轨面操作

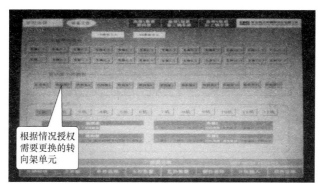

图 3.3-30 单控转向架升操作

8）联控车体降：进入触摸屏"主界面"选择"车体联控"按钮。主控人员联系现场人员，确认现场无异常后，所有现场人员按下本地控制器"确认"按钮，按下主控台"车体降"按钮，所有车体同步下降至 250mm 安全高度时自动停止，此时本地控制器"120mm"红灯闪烁，现场人员确认举升柱下无异常后按

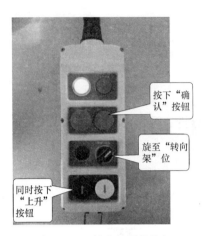

图 3.3-31　转向架操作按钮

下"确认"按钮，主控人员按下主控台"安全区域"按钮，同时按下主控台"车体降"按钮，同步下降所有车体至轨面。

9）联控转向架降：进入触摸屏"主界面"选择"转向架联控"按钮。主控人员联系现场人员，确认现场无异常后，所有现场人员按下本地控制器"确认"按钮，按下主控台"转向架降"按钮，所有转向架同步下降至

400mm 安全高度时自动停止，此时本地控制器"120mm"红灯闪烁，现场人员确认举升柱下无异常后按下"确认"按钮，主控人员按下主控台"安全区域"按钮，同时按下主控台"转向架降"按钮，同步下降所有转向架至轨面。

10）系统回到初始位，"车辆编组完成标志位"指示灯关闭。将主控台上的"系统运行"开关逆时针旋转到 OFF 状态且指示灯熄灭，人机界面上的"系统工作状态"指示灯熄灭。将主控制台的"控制电源"开关旋转到 OFF 位置，"电源指示"灯熄灭，将开关钥匙拔出。

11）关闭主控制柜电源开关，关闭固定式架车机系统总电源开关，架车作业结束。

12）填写运行记录本。

3.3.2　GD-DT-02 型洗车机操作流程

地铁车辆在运行过程中，无论是在地面还是在地下，在一段时间的运行后车体表面都会附着部分污渍，这些污渍若长期附着在车体表面，将会对车体的整体外观、车漆造成极大的影响。而人工洗车的效率偏低、清洗效果不佳，长期使用人工清洗，难免

会由于洗车人员疏忽大意造成车体擦伤。因此，列车自动清洗机应运而生，成为列车外皮清洗工作的首要之选。

目前国内列车自动清洗机已发展得相对较成熟，比较常见的洗车机制造商有：哈尔滨威克轨道交通技术开发有限公司、沃尔新（北京）自动设备有限公司等，以下仅针对沃尔新公司生产的某型号洗车机的操作进行详细分析（图 3.3-32）。

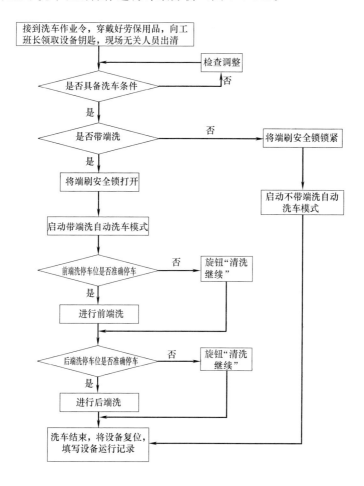

图 3.3-32　固定式架车机操作流程图

（1）安全注意事项

1）操作洗车机必须正确穿戴好劳保用品（图 3.3-33）。

图 3.3-33　穿戴好劳保用品

2）必须经过专业人员对洗车机设备进行专门培训，并获得设备操作证方能上岗。

3）操作人员上下班或交接班时，必须对所有设备操作系统和控制系统进行检查，保证设备处于正常状态。

4）操作人员进行洗车操作时，必须严格认真按操作规程进行操作，未经许可不得随意更改。

5）操作人员必须严格遵守相关操作规范，保证人员、车辆、设备的绝对安全，如遇意外事故必须及时按下急停开关。洗车作业时，无关人员严禁进入洗车区域。

6）操作人员必须做好每次洗车情况和设备检查情况记录，并存档备查。

7）操作人员必须按规定作好对设备的维护，保持设备完好、正常。如发现异常应立即通知维修人员进行维修。并做好每次维修保养的档案记录。

8）在使用设备之前，操作人员应明确洗车模式（侧洗或端洗）（图 3.3-34）。

（2）洗车前准备

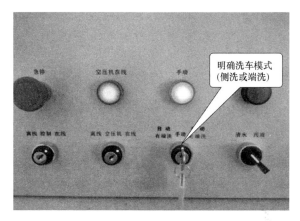

图 3.3-34　洗车操作界面

1）操作人员在启动洗车机之前，应先确认轨行区无异物侵限，无闲杂人等在轨行区逗留（图 3.3-35）。

图 3.3-35　检查洗车区域

2）闭合总电源开关（QM0）。

3）依次闭合 UPS 电源开关（Q1）、DC24V 电源开关（Q2）、AC24V 电源开关（Q3）、DC12V 电源开关（Q4）。

4）打开 UPS 不间断电源开关（图 3.3-36）。

5）打开主控台下的铁皮门及电脑主工控机机门开启电脑（图 3.3-37）。

6）等待电脑开机进入电脑桌面，点击桌面上的"洗车机

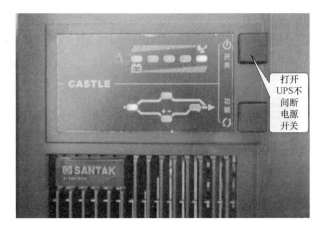

图 3.3-36　电源开关界面

图 3.3-37　电脑主控界面

SCADA 系统"进入洗车机操作画面（图 3.3-38）。

7）若需进行端洗，洗车前将端刷安全锁打开，洗车结束后将端刷安全锁锁闭（图 3.3-39）。

8）检查库内设备运行是否正常，检查各刷组是否是初始位置（图 3.3-40）。

9）确认各水池水位是否正常，水循环及水处理设备处于正常状态（图 3.3-41）。

图 3.3-38　洗车操作界面

图 3.3-39　端洗界面

图 3.3-40　检查库内设备

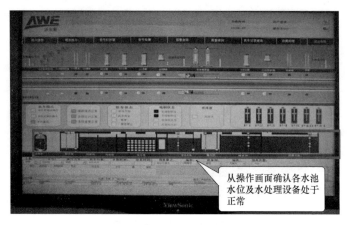

从操作画面确认各水池水位及水处理设备处于正常

图 3.3-41　检查水池水位

10）检查电气控制设备及信号是否处于正常状态（图 3.3-42）。

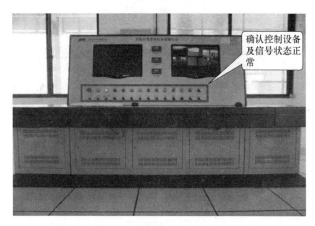

确认控制设备及信号状态正常

图 3.3-42　电气控制界面

11）操作人员将控制钥匙插入主控台上"控制电源"开关内，旋转到"在线"位置（图 3.3-43）。

12）将控制钥匙插入主控台上"空压机"开关内，并旋转到"在线"位置，空压机在线显示红灯亮，等待气源压力大于 0.4MPa（图 3.3-44）。

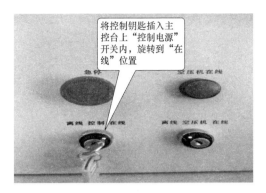

图 3.3-43　操作控制电源界面

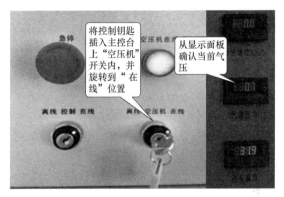

图 3.3-44　操作空压机界面

13）在进行洗车作业前，先进行模拟洗车。将控制钥匙插入主控台上"清洗方式"开关内，旋转到"自动无端洗"位置（图3.3-45）。

14）操作人员旋转"清洗准备"旋钮（清洗指示绿灯持续闪烁），待所有刷组摆到位后，旋转"清洗开始"旋钮（清洗指示绿灯停止闪烁变为常亮）（图3.3-46）。

15）点击"模拟洗车"进入模拟洗车界面，并依次从右到左点击模拟调试信号按钮（图3.3-47）。

16）在模拟洗车过程中，应尽量模拟电客车的行进速度，注

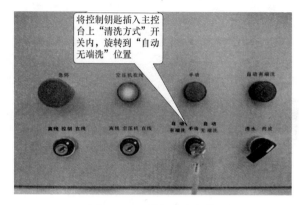

图 3.3-45　模拟洗车操作

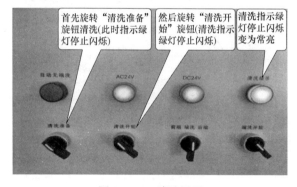

图 3.3-46　清洗界面

意每点击一个模拟信号，需要确认洗车机以及操作界面上的洗车机状态显示已经动作到位方可以进行下一个模拟信号的点击，否则将可能导致程序出错。模拟结束后依次从右到左恢复模拟调试信号，模拟洗车正常后"返回"按钮点击退出模拟洗车。

（3）带端洗自动洗车模式

1）把左右端刷安全锁销打开（图 3.3-48）。

2）主控台上的"左横刷解锁""右横刷解锁"指示绿灯亮；空压机压力必须大于 0.4MPa，洗车库温度大于 0℃（图 3.3-49）。

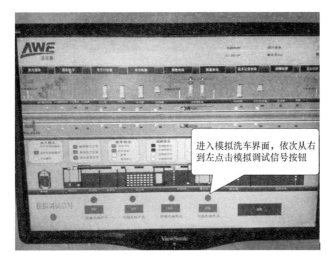

图 3.3-47　模拟洗车界面

图 3.3-48　打开安全锁销

3）电客车在库前一度停车指示牌前停车。

4）司机用手持台通知洗车机操作人员后，操作人员通过监视器确认电客车已停在库前相应指示位。

5）操作人员核对电客车编号并输入洗车机人机界面内（图 3.3-50）。

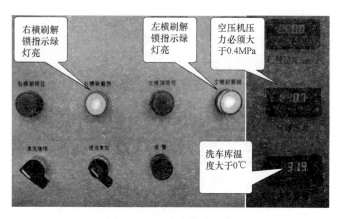

图 3.3-49　洗车状态操作

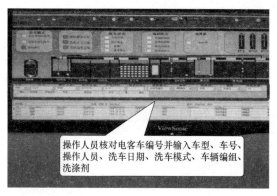

图 3.3-50　核对编号操作

6）将控制钥匙插入主控台上"清洗方式"开关内，旋转到"自动有端洗"位置；将药液旋钮旋转到"药液"或"清水"洗涤方式（图 3.3-51）。

7）操作人员旋转"清洗准备"旋钮（清洗指示绿灯持续闪烁），待所有刷组摆到位后，旋转"清洗开始"旋钮（清洗指示绿灯停止闪烁变为常亮）（图 3.3-52）。

8）此时库前信号灯开放，转为绿灯，操作人员通过手持台通知司机：洗车机已做好清洗准备（注意：清洗准备、清洗开始

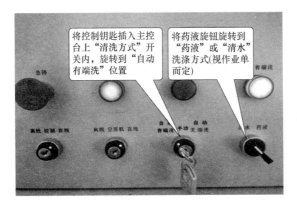

图 3.3-51　洗涤方式操作

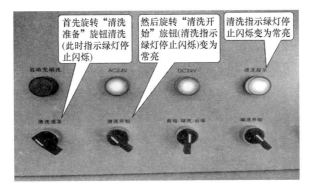

图 3.3-52　开始清洗界面

两个旋钮的旋转前后顺序不得有误，否则不能洗车）。司机接到洗车机操作人员通知后，凭库前信号绿灯动车入库，驾驶电客车以 3km/h 的速度进库洗车。

9）电客车行驶到前端洗区域时，司机凭前端洗停车指示牌对位停车。如果电客车正确停放在指定区域，端洗警报响起，司机通过手持台通知操作人员电客车已正确对位停车。

10）操作人员通过监视器观察，无异常后用手持台通知司机进行前端洗作业，操作人员将"端洗"旋钮旋转到"前端"位置，旋转"端洗开始"旋钮，开始前端清洗（图 3.3-53）。

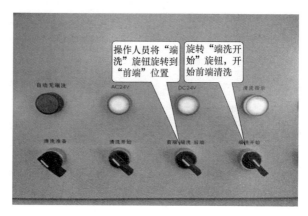

图 3.3-53　前端清洗操作

11）如果电客车超出停车范围，操作人员则用手持台通知司机"已超出停车范围，司机按信号绿灯进行动车"。操作人员旋转"清洗继续"旋钮，前端洗信号灯绿灯亮，司机继续行驶（图 3.3-54）。

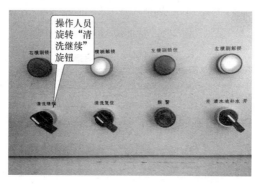

图 3.3-54　继续清洗操作界面

12）前端清洗完毕，操作人员通过监视器观察，无异常后用手持台通知司机"前端洗完毕，司机按信号绿灯继续洗车"，操作人员旋转"清洗继续"旋钮，前端洗信号指示灯绿灯亮，司机继续前进（图 3.3-55）。

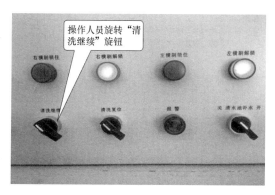

图 3.3-55　前端清洗完毕界面

13）电客车到达后端洗停车指示牌时，司机凭后端洗停车指示牌对位停车。

14）如果电客车正确停放在指定区域，端洗警报响起，司机通过手持台通知洗车机操作人员电客车已正确对位停车，操作人员通过监视器观察，无异常后用手持台通知司机进行后端洗作业，操作人员将"端洗"旋钮旋转到"后端"位置，旋转"端洗开始"旋钮，开始后端清洗（图 3.3-56）。

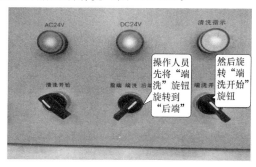

图 3.3-56　后端清洗操作界面

15）如果电客车超出停车范围，操作人员则用手持台通知司机"已超出停车范围，司机按信号绿灯进行动车"。操作人员旋转"清洗继续"旋钮，后端洗信号灯绿灯亮，司机继续行驶（图 3.3-57）。

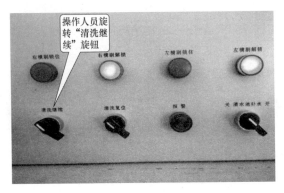

图 3.3-57　继续清洗界面

16）后端清洗完毕，操作人员通过监视器观察，无异常后用手持台通知司机"后端洗完毕，司机按信号绿灯继续洗车"。操作人员旋转"清洗继续"旋钮，后端洗信号指示灯绿灯亮，司机继续前进（图 3.3-58）。

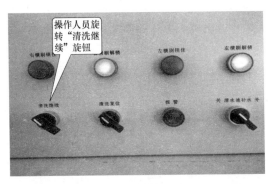

图 3.3-58　后端清洗界面

17）电客车出库，司机经过"清洗结束"指示牌时，清洗已结束，司机可以提速前进。

18）洗车完毕后操作人员检查所有刷组是否归位，将端刷安全锁锁闭（图 3.3-59）。

19）检查各水池水位情况及洗涤液情况，如若不足及时补充洗车用水及洗涤液。

图 3.3-59　洗车完毕

（4）不带端洗自动洗车模式

1）操作人员将控制钥匙插入主控台上"控制电源"开关内，旋转到"在线"位置。

2）确保左右端刷必须处于锁住状态（主控台上的"左横刷锁住"、"右横刷锁住"指示红灯亮）。空压机压力必须大于0.4MPa，洗车库温度大于0℃（图3.3-60）。

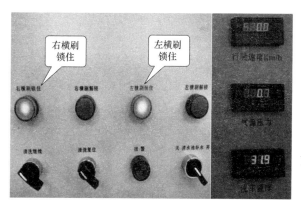

图 3.3-60　不带端洗自动洗车模式界面

3）电客车在库前一度停车指示牌前停车，司机用手持台通知洗车机操作人员后，操作人员通过监视器确认电客车已停在库前相应指示位。

4）操作人员核对电客车编号并输入洗车机人机界面内。

5）将控制钥匙插入主控台上"清洗方式"开关内，旋转到"自动无端洗"位置；将药液旋钮旋转到"药液"或"清水"洗涤方式（视作业单而定）（图3.3-61）。

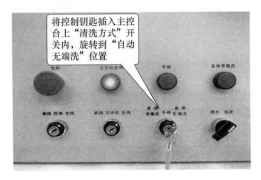

图3.3-61　清洗方式界面

6）操作人员旋转"清洗准备"旋钮（清洗指示绿灯持续闪烁），待所有刷组摆到位后，旋转"清洗开始"旋钮（清洗指示绿灯停止闪烁变为常亮）（图3.3-62）。

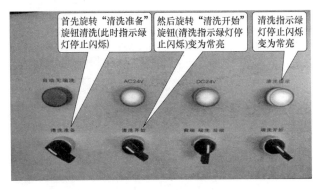

图3.3-62　清洗准备界面

7）库前信号灯开放，转为绿灯，操作人员通过手持台通知司机：洗车机已做好清洗准备（注意：清洗准备、清洗开始两个旋钮的旋转前后顺序不得有误，否则不能洗车）。司机接到操作人员通知后，凭库前信号绿灯动车入库，驾驶电客车以 3km/h 的速度进库洗车。

8）电客车出库，司机经过"清洗结束"指示牌时，表明清洗已结束，司机可以提速前进。

9）洗车完毕后操作人员检查所有刷组是否归位。检查各水池水位情况及洗涤液情况，若不足及时补充洗车用水及洗涤液（图 3.3-63）。

图 3.3-63　检查水池界面

（5）洗车结束

1）当天洗车作业完毕后，选择屏幕右上方的"退出系统"按钮，并退出计算机（图 3.3-64）。

图 3.3-64　洗车结束操作界面（一）

2）将控制钥匙插入到清洗方式选择开关旋转到"手动"位

置并取出钥匙（图 3.3-65）。

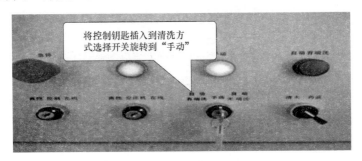

图 3.3-65　洗车结束操作界面（二）

3）插入到"空压机"开关内旋转到"离线"位置并取出钥匙，插入到"控制电源"开关内并旋转到离线位置（图 3.3-66）。

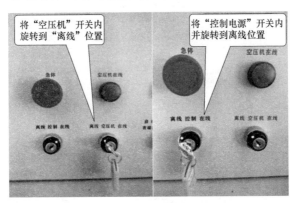

图 3.3-66　洗车结束操作界面（三）

4）最后将空压机储气罐内的水排尽，并恢复排水阀门（图 3.3-67）。

5）若洗车机长时间不使用或需要进行检修，则需要关闭洗车机所有电源，电源关闭顺序如下：①关闭 UPS 不间断电源开关（图 3.3-68）。

②依次关闭 DC12V 电源开关（Q4）、AC24V 电源开关（Q3）、DC24V 电源开关（Q2）、UPS 电源开关（Q1）。

最后将空压机储气罐内的
水排尽，并恢复排水阀门

图 3.3-67 洗车结束操作界面（四）

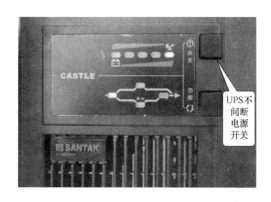

UPS不
间断
电源
开关

图 3.3-68 洗车结束操作界面（五）

③ 断开总电源开关（QM0）。

6）填写好运行记录本。

3.3.3 U2000-400M 不落轮镟床安全操作规程

不落轮镟床是地铁车辆段重要的检修设备之一，主要用于地铁车辆在电客车不解编及转向架不拆解的状态下对电客车轮对进行加工镟修。目前，向国内地铁行业提供专业数控不落轮镟床的厂家主要有：德国 Hegenscheidt-MFD 公司的 U2000-400、U2000-400M 型、武汉善福重型机床公司的 UGL-15 型。以下仅针对德国 Hegenscheidt-MFD 公司的 U2000-400M 型镟床的操作步骤进行详细解析（图3.3-69）。

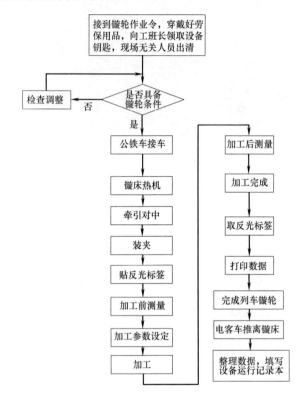

图3.3-69　不落轮镟床操作流程图

1. 安全操作注意事项

（1）操作人员应接受过专门的U2000-400M不落轮镟床操作培训，并全面阅读《U2000-400M不落轮镟床操作手册》。

（2）操作前应先向设备调度请点。

（3）操作人员必须按规定穿戴好劳动防护用品（图3.3-70）。

（4）当操作人员操作镟床加工轮对的时候，无关人员不得在工作场所停留，不得阻碍操作人员视线（图3.3-71）。

（5）使用不落轮镟床前，操作人员应检查不落轮镟床有无异常情况，如出现异常情况，操作人员不得作业。

图 3.3-70　戴好劳保用品　　　　　图 3.3-71　操作现场

（6）不得利用不落轮镟床作镟削轮对以外的其他用途。

（7）未经专业技术人员审核，任何人严禁修改内部程序和参数。

（8）不落轮镟床在退刀和测量数据时不得用铁钩清除铁屑。

（9）加工中，钩除铁屑不得直接用手，应用专用工具钩除铁屑（图 3.3-72）。

2. 基本操作程序

在进行镟轮工作前，需做好以下准备工作：

（1）检查不落轮镟床所在线路有无异物，人员是否出清（图 3.3-73）。

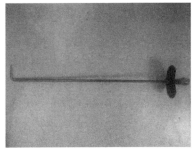

图 3.3-72　专用工具　　　　　图 3.3-73　现场无异物、人员出清

（2）检查对讲机通信功能是否良好。

（3）检查滚轮上是否有油污，若有，必须清除。

（4）确认安全门全部关闭以及所有急停按钮被释放（图3.3-74）。

图 3.3-74　现场操作按钮

3. 电客车轮对镟修基本操作步骤

按顺序先打开主电柜开关，再打开电气控制柜电源开关（图3.3-75）。

等待系统上电成功。启动液压泵，待机 10min。检查不落轮镟床两侧的信号灯指示是否正常（图 3.3-76）。

在点动模式下进行镟床试运转，确认各部件动作正常后恢复至初始位置后，打开自动模式。

信号灯绿灯亮时轮对可进入镟床区域（红灯表示禁止进入），蓝灯和黄灯同时亮表示轮对已对中（图 3.3-77）。

在轮对对中后，方可升起驱动轮，打开活动轨（图3.3-78）。

图 3.3-75　电气柜开关

图 3.3-76　液压泵

图 3.3-77 现场操作（一）

图 3.3-78 现场操作（二）

　　将压爪压至外轴箱，完成装夹后，升起千斤顶，贴好反光标签（图 3.3-79）。

　　将主轴转速及进给量旋钮旋至 100％，进行加工前测量（图 3.3-80）。

图 3.3-79 现场操作（三）

图 3.3-80 现场操作（四）

　　在预测量结束后。选择相应变型量进行镟修作业。

　　切削前将主轴转速及进给量旋钮旋至 80％，开始切削加工（图 3.3-81）。

　　一次切削完成后打开安全门进行清洁。清洁完成后，将主轴转

图 3.3-81　现场操作（五）

速及进给量旋钮旋至 100％，进行加工中测量，测量结束后立即将主
轴转速及进给量旋钮旋至 80％，自动进行二次锪削（图 3.3-82）。

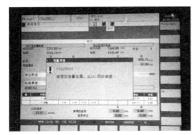

图 3.3-82　现场操作（六）

　　锪削完成后，进行第二次清洁后，将主轴转速及进给量旋钮
旋至 100％，进行加工后测量（图 3.3-83）。

　　测量结束后，将千斤顶下降至初始位置。

　　降下千斤顶后，收回侧压轮，闭合活动轨，卸载侧压爪（图
3.3-84）。

　　松开过程结束后，取出纸质加工数据（图 3.3-85）。

　　待系统自动完成所有步骤后，关闭液压站。关闭机床系统，
关闭配电柜电源。

图 3.3-83　现场操作（七）

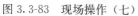

图 3.3-84　现场操作（八）

将机床控制面板上的 2 个刀架进给倍率旋钮调至 0％，主轴进给倍率旋钮调至 50％（图 3.3-86）。

加工结束后应做好相应的收尾工作，在所有加工任务完成后，需清洁不落轮镟床及工作场所周围。并填写不落轮镟床运行记录本。

图 3.3-85　打印纸质加工数据

图 3.3-86　机床操作